Un seul parent à la maison

« C'est la vie aussi »
Collection dirigée par Bernadette Costa-Prades

« Il faut un village pour élever un enfant. »
Proverbe africain

Jocelyne Dahan
Anne Lamy

Un seul parent à la maison

Assurer au jour le jour

Albin Michel

Introduction

Un enfant sur sept ne vit qu'avec un de ses parents, le plus souvent sa mère (85 %). Avec ou sans son autre parent à proximité. Comment élever seul(e) un enfant ? C'est la question posée par 1,5 million de familles. Lesquelles n'ont pas beaucoup de points communs entre elles, même si elles sont regroupées sous l'appellation «familles monoparentales». De nos jours, cette expression n'a plus guère de sens. Ici, ce terme devra donc être compris entre guillemets... pour ne pas dire utilisé avec des pincettes !
Parents divorcés ou séparés, veufs ou veuves, personne qui adopte seul(e) un enfant ou l'élève sans un autre parent, telles sont ces familles à «parent unique». Beaucoup se demandent si ce mode de vie fabrique des enfants «bancals», comme ces petits hérons qui apprennent à tenir sur une seule patte pour ne pas tomber. De même, les questions affluent sur la construction de l'identité psychique et sexuelle de l'enfant, son évolution à l'école ou dans sa vie future. Enfin, nombreux sont ceux qui souhaitent être parents au singulier sans oublier leur vie en chemin..

Un seul parent à la maison

Il faudra peut-être faire le deuil de la «famille idéale», celle dont on rêvait petit. Car un enfant qui ne grandit pas avec ses deux parents à la maison ne devient pas forcément délinquant, handicapé du couple ou instable. Ces nouvelles familles nous prouvent que désormais il n'y a plus une «bonne» et une «mauvaise» façon de faire, mais mille manières d'être parent. Seul ou non, séparé ou remarié, néophyte ou à la tête d'une tribu d'enfants.

Chapitre 1
État des lieux

Il est de plus en plus fréquent que la vie d'un parent se ponctue d'épisodes de parentalité solo, communément appelée « monoparentalité ». Sous ce terme se cache une foule de manières d'être parent, seul pour un temps ou pour longtemps.

Une situation de moins en moins rare

Une famille avec enfant sur six est « monoparentale », comme la désignent les démographes (Insee-Ined 1999). Cette situation est assez fréquente, à une époque où la vie à deux tient plus du contrat à durée déterminée que de la garantie à vie. Faut-il le rappeler, le passage devant M. le maire finit, dans plus d'un cas sur trois, au tribunal... Si l'on ajoute à ce chiffre le nombre de couples non mariés qui se séparent et de femmes qui ont décidé de faire un bébé sans vivre

avec le père, on arrive à l'estimation suivante: plus d'une femme née dans les années 1970 sur quatre assumera seule, pendant un temps, le quotidien avec un bébé, un enfant ou un adolescent (Dress, 2003).
Pourquoi parler d'emblée des femmes? Les chiffres l'indiquent, ce sont elles qui, dans près de neuf cas sur dix, vivent seules au jour le jour avec les enfants. Mais les pères aussi savent faire face à ce quotidien solitaire; et plus les enfants grandissent, plus les pères sont nombreux à le partager. Autre effet du temps qui passe: plus le couple est ancien, plus les risques de vivre seul(e) un moment augmentent. La proportion d'enfants avec un seul parent à la maison en témoigne: ils sont 9% des moins de 3 ans dans ce cas, 16% des 10-16 ans et 19% des plus de 18 ans.

Une mosaïque de familles

Comment a évolué ce groupe de parents solos? Autrefois, les veuves, seule catégorie «politiquement correcte», étaient majoritaires. Aujourd'hui, le décor a bien changé: les couples séparés sont de loin les plus nombreux. Ils représentent à eux seuls les trois quarts de ces familles (50% de divorcés, 25% de séparés), auxquels on ajoute 11% de veufs et les femmes n'ayant jamais vécu en couple. Qui compose ce groupe hétérogène? Un couple séparé de fraîche date, resté en bons termes pour éduquer les enfants. Un ingénieur de 45 ans, veuf, élevant seul trois adolescents. Une jeune étudiante de 18 ans, vivant chez ses parents et qui se retrouve maman contre l'avis de son petit ami. Des ex-conjoints en guerre depuis qu'ils sont séparés. Une femme de 32 ans, sans emploi, mère de deux jeunes enfants, dont le mari vient de mourir d'un accident. Une enseignante de 40 ans, décidée à garder cet enfant du «maintenant ou jamais» qu'elle vient de «fabriquer» avec un homme de passage; et aussi des personnes seules, qui adoptent un enfant. Leur point commun? Les enfants de ces familles ne grandiront pas entourés d'un père et d'une mère sous le même toit. Hormis cette donnée, leurs conditions de vie n'auront peut-être rien à voir. En cela, ces familles reflètent la diversité des familles en France.

Des «filles mères» d'autrefois, aux parents solos d'aujourd'hui

La monoparentalité n'est pas une production 100% moderne. Depuis des générations, il y a eu des femmes élevant des enfants sans mari à la maison (il est mort à la guerre, il est marin, etc.). De même qu'il y a des conjoints seuls après le décès de leur moitié; des couples séparés dont l'un des membres prend le large; des femmes seules qui assument l'éducation d'enfants qu'un homme n'a pas reconnus. Pendant longtemps, ce groupe surtout constitué de veuves et de «filles mères» était quasi bipolaire. D'un côté, les veuves, parées de toutes les vertus, de l'autre, les mères célibataires, montrées du doigt.

Le XXIe siècle n'opère plus ce tri et ne fustige plus les familles ne vivant pas comme le plus grand nombre. Cela ne signifie pas que le regard de la société sur ces familles soit toujours bienveillant…

L'invention de la «monoparentalité»

Ce terme est un pur produit de l'après-68. La femme se libère alors du joug de l'homme qui régnait en maître, dans la société comme dans l'intimité. En effet, ce n'est qu'à la fin des années 1960 que madame a le droit de travailler ou d'ouvrir un compte en banque sans demander la permission… à monsieur!

La pilule est autorisée depuis peu (1967). La femme revendique le droit à un bébé «si je veux, quand je

veux», même s'il faudra attendre 1975 pour qu'une loi autorise officiellement la régulation des naissances. En même temps, le taux d'activité féminine progresse. On assiste alors à une reconnaissance collective de la femme. La voilà devenue un individu à part entière et non plus seulement une mère (au foyer, de préférence) ou une épouse.
Au même moment, le mariage vacille sur son socle et beaucoup de couples se passent de la mairie pour faire famille. En cas de séparation? Faute de mariage, l'autorité revenait exclusivement à la mère. À partir de 1987 naît l'idée d'une autorité parentale conjointe, pourvu qu'on en fasse la demande. Mais en pratique, elle est exercée par le parent chez lequel vit l'enfant, donc la mère dans la plupart des cas. En 1993, il y a une autorité parentale conjointe de droit pour les deux parents à partir du moment où le père a reconnu l'enfant avant son premier anniversaire. Seul hic: il fallait que les deux parents vivent ensemble. Cette condition a beaucoup limité l'application de la loi. Depuis 2002, il suffit de reconnaître l'enfant pour avoir l'exercice conjoint de l'autorité parentale, qu'on soit mariés ou pas, qu'on vive ensemble ou non. Au fil des années, on vit se multiplier des familles composées de la mère, le plus souvent, et de son ou ses enfants, qu'il s'agisse d'un acte militant ou d'un accident de la vie.

On n'est pas souvent monoparent à 100 %

Quelle famille peut se définir comme monoparentale *stricto sensu*? Pas beaucoup. Certes, les conjoints survivants sont seuls après la mort de leur conjoint. Les femmes dont le compagnon a pris la tangente pendant leur grossesse sont seules. Les personnes qui adoptent seules un enfant, aussi. De même, les hommes dont la compagne a largué les amarres ne sont épaulés par personne pour élever leurs enfants. Ces situations sont solitaires et parfois douloureuses, il serait malvenu de le nier.

Mais très souvent, la compagne ou le compagnon de route ne disparaît pas complètement. Ou pas pour très longtemps. Il n'est pas rare que des pères, déboussolés pendant la grossesse de leur compagne, démissionnent quasiment au seuil de la maternité (et de leur paternité !) pour réapparaître quand le nourrisson n'est plus un tout petit bébé. Et il est fréquent qu'après une séparation, les ex-conjoints continuent d'exercer leur rôle parental, même si certains le font en pointillé.

En fait, il y a une confusion entre le terme de « famille monoparentale » et celui de « foyer monoparental ». Dire « famille monoparentale », c'est gommer l'existence de l'autre parent, qui n'est pas forcément absent. Alors que parler de « foyer monoparental » revient à décrire la réalité que connaissent ces familles : un seul parent vit dans cette maison.

Une situation subie ou choisie ?

Aujourd'hui, à de rares exceptions près, on ne choisit pas d'élever seul(e) son bébé. C'est peut-être la grande différence avec certaines mères des années 1970-1980, pour qui éduquer un enfant sans homme était un acte quasi politique. Subie, la situation l'est complètement en cas de deuil. Parfois aussi, après une rupture, on se rend compte que son couple ne pouvait pas finir autrement, qu'on a choisi un homme ou une femme pour qui la question de la pater(mater)nité n'était pas encore possible. En creusant le passé de sa famille, il n'est pas rare de trouver des points communs entre son histoire et celle de ses ascendants. Qui du hasard ou de l'inconscient est le plus facétieux ? Allez savoir...

Parent seul, mais pas pour longtemps

Prenez une photo de la société et comptez les parents seuls. Ils seront nombreux. Mais ce résultat est un peu trompeur : avec près de quatre couples mariés sur dix qui divorcent, il y a un fort *turn-over* des conjoints !
Mais la fragilité croissante des alliances ne condamne ni la vie à deux, ni la vie de famille. La preuve ? On reste en moyenne cinq à six ans avant de renouer une nouvelle liaison. En regardant le verre à moitié plein plutôt que celui à moitié vide, on pourrait parler de succession d'histoires d'amour et non de séquences de monoparentalité. Les unes n'existant d'ailleurs qu'en référence aux autres...

Marié pour le meilleur, pas pour le pire

Pourquoi tant de divorces aujourd'hui ? Parce qu'il paraîtrait aberrant de rester ensemble pour le pire, dans une société qui nous oblige au meilleur ! Le règne du « tout, tout de suite », si cher aux plus jeunes, fait encore des émules parmi les adultes. Et qu'en dit la société ? « Soyez heureux ! Et si vous ne l'êtes pas, réagissez », répètent médias et autres maîtres à penser. Le culte de l'épanouissement personnel exigerait presque de renoncer à son couple si son fonctionnement réclame quelques mois de rodage ou une révision générale. Autant mettre fin à une union si elle n'est pas raccord avec cette époque qui nous condamne au bonheur...

De la société patriarcale à la société des enfants

Ces dernières décennies, l'objectif de la famille s'est déplacé de l'intérêt pour le père à l'intérêt pour l'enfant. C'est un comble pour le *pater familias.* Lui qui menait son petit monde à la baguette est désormais détrôné... par ses propres enfants, à l'heure où l'on contrôle les naissances et où l'on n'a jamais autant fait attention à l'éducation de l'enfant.

En outre, avec la multiplication des «démariages», on pourrait dire que le principe d'indissolubilité s'est déplacé du couple à l'enfant: on a fini de s'aimer, d'accord, mais on reste parents toute sa vie. C'est d'ailleurs pour protéger l'enfant et maintenir le lien avec ses deux parents que la notion de responsabilité conjointe (ou coparentalité) a été introduite en 1993. Les toutes récentes lois sur le divorce en 2002 (avec la résidence alternée) et en 2004 visent elles aussi à préserver la relation de l'enfant à ses deux parents. Aujourd'hui, ce n'est donc plus l'alliance entre deux adultes qui est inoxydable, c'est la filiation. Et les récents débats sur l'homoparentalité, rappelant qu'on peut aussi élever un enfant sans forcément être le parent biologique, soulignent combien cette idée de filiation est désormais centrale.

La paternité bousculée

Édicter des lois sur la coparentalité ne rend pas les choses plus faciles. La preuve ? Après une séparation, 24 % des enfants grandissant auprès de leur mère ne voient plus leur père et 18 % le voient moins d'une fois par mois (Ined 1994). Ainsi, plus de quatre enfants sur dix vivent sans une relation solide avec leur père. Pour lutter contre cette « désertion » des papas, les pouvoirs publics ont cherché à faciliter l'ancrage père/enfant. C'est l'un des buts du livret de paternité et du congé paternel rallongé de 11 jours, inaugurés en 2002.
Mais il faut dire que la paternité a été drôlement secouée ces dernières années ! Les pères se trouvent à cheval entre deux générations. Il leur est demandé de ne pas copier les pères autoritaires d'hier sans pour

autant copier les mères d'aujourd'hui. On imagine combien cette double injonction: «Ne faites pas pareil (que vos pères) mais ne faites pas comme (vos compagnes)» est inconfortable...
Résultat? Quantité de femmes se désolent du décalage entre les exemples brandis par les médias (une poignée d'hommes jongle avec enfants, boulot et soupe aux poireaux) et leur vie quotidienne. Les chiffres du partage des tâches ménagères rappellent en effet à quel point on est loin du partage égalitaire des tâches chez monsieur et madame Tout-le-monde. Certains pères, déboussolés, baissent les bras et désinvestissent la famille. Quitte à couper les ponts. Et les pères séparés? Rester un père à travers les dédales de la rupture est très complexe. Certains tiennent bon et inventent leur manière d'être des pères. Mais à quel prix...

La maternité, obligée d'évoluer

Parler du rôle des hommes, c'est aussi analyser celui des femmes. Si ces dernières veulent des compagnons plus présents, il leur faut abandonner une partie de ce qui faisait leur quotidien. Certaines ont du mal à lâcher ce «monopole» du féminin sur l'intime

et l'éducation quotidienne des enfants. Elles vivent d'autant moins bien cette perte de pouvoir qu'elles subissent par ailleurs, notamment au travail, les effets de la domination masculine.
Repenser la répartition des rôles parentaux, c'est probablement l'un des chantiers des parents (seuls ou non) du XXIe siècle. Il est initié, entre autres, par les pères vivant en résidence alternée, demandée dans 10 % des divorces.

La monoparentalité stigmatisée

Trop souvent, la monoparentalité est analysée en termes d'échec. Un parent en moins, ça devrait forcément fabriquer difficultés scolaires, démission parentale, incapacité de socialisation, solitude, misère sexuelle et économique. Même s'ils se considèrent comme des parents ordinaires, les parents seuls en viennent à intégrer ce discours déterministe, où tout serait joué d'avance puisqu'il manque un parent à l'appel.
En réalité, la monoparentalité n'est pas en soi génératrice de soucis. Ce serait plutôt l'accumulation de difficultés qui finit par peser lourd dans la balance : la dépression ou l'isolement social du parent, son manque de qualification professionnelle, des horaires de travail

contraignants, des problèmes financiers. Mais, le cumul n'est pas obligatoire quand on élève seul ses enfants.

L'essentiel

- La notion de monoparentalité est trompeuse : elle sous-entend qu'il n'existe qu'un parent. Le terme de foyer monoparental décrit plus justement la réalité : il n'y a qu'un parent dans cette maison.

- Aujourd'hui, on ne choisit généralement pas d'élever seul(e) ses enfants.

- Le nombre des familles monoparentales a beaucoup augmenté, reflétant la fragilité des alliances et les soubresauts liés à l'évolution récente des rôles parentaux.

- Élever seul(e) un enfant n'est pas en soi un problème. Cela le devient quand la monoparentalité s'accompagne d'autres soucis, autrement plus encombrants (dépression, problèmes financiers et professionnels…).

Chapitre 2
Une mosaïque complexe

Sous le terme commun de «monoparentalité» se cache en réalité une multitude de situations très différentes. Quels sont les différents visages des parents seuls? Comment devient-on parent seul?

« Elle a fait un bébé toute seule»

Faire un bébé vraiment seule relève plus du fantasme que de la réalité. Dans les années 1970, il s'agissait d'un acte féministe, masquant mal une guerre des sexes («Des hommes, je jette tout... sauf la petite graine»). Aujourd'hui, le bébé a changé de statut: il est devenu un «*must have*»! C'est quasiment le dernier accessoire à la mode. Pas une semaine ne se passe sans qu'un magazine présente telle actrice avec son poupon.

Un seul parent à la maison

Par ailleurs, la grande nouveauté, c'est la dissociation de deux notions autrefois liées : l'alliance et la filiation. Quand le mariage était une valeur sûre, il était inconvenant de faire un enfant sans la bague au doigt. Aujourd'hui que les alliances sont fragiles mais la filiation portée aux nues, il paraît légitime («J'y ai bien droit!») de vouloir un enfant, même sans vivre en couple. Certaines femmes choisissent donc de faire un enfant avec un amour de passage, qui n'est pas toujours au courant de ce projet. Ce bébé qui s'implante «par effraction», pourrait-on dire (au regard du désir du père), n'arrive jamais par hasard. Il est peut-être le seul, mais il sait pourquoi il est là. Souvent, il rejoue un air de famille. Ce n'est pas mathématique, mais il est fréquent de voir ressurgir des épisodes de l'histoire familiale qu'on croyait «digérés». Ainsi, il y a des lignées de femmes élevant seules leurs enfants, face à des lignées d'hommes non consultés sur leur désir d'enfant.

Ces situations signalent parfois pour la femme l'impossibilité de se construire adossée à l'image positive d'un homme – en l'occurrence le père. Cet homme était-il en retrait ? Avait-il «délégué» ses fonctions à la mère ? L'absence d'image paternelle positive empêche la future mère de se projeter avec cet homme (bientôt père) à ses côtés. Il arrive aussi que l'homme refuse

cette paternité et que la femme décide de garder l'enfant. Comment expliquer ce décalage de désir ? Quelle était leur relation avant l'arrivée du bébé ?
Tôt ou tard, les questions surgiront. Il faudra parler à l'enfant de son père. Qui était cet homme ? Pourquoi il n'a pas pu ou pas su assumer son rôle ? Avoir une page blanche à la place de sa lignée paternelle est source de souffrance et d'interrogations. À défaut de réponses, l'enfant restera en quête de ses origines, voire en quête d'autres objets inaccessibles. D'où l'intérêt de garder une trace de ce géniteur pour que l'enfant sache qui il est, où il vit. Quitte à ce qu'il prenne contact avec lui plus tard. Mieux vaut un père en chair et en os (même s'il est décevant) qu'un absent idéalisé…

Le bébé du « maintenant ou jamais »

À l'approche de la quarantaine, il n'est pas rare de voir des femmes se retrouver enceintes et décider de garder l'enfant. De nombreuses femmes deviennent en effet mères tardivement : près d'un enfant sur cinq né en 2001 a une maman de 35 ans ou plus (Insee). Ces femmes ne peuvent pas ou ne veulent pas (dans le cas d'une relation amoureuse très passagère) parler de ce projet d'enfant à cet homme. Volonté de toute-puissance féminine ? Pas forcément. Elles ne s'imaginent pas fonder une famille avec lui. Pas plus qu'elles n'envisagent d'avorter et d'attendre... une prochaine fois. Cet accès à la maternité intervient comme une confirmation de leur identité féminine. Il les aide aussi à s'inscrire dans une continuité familiale et correspond à une nécessité quasi vitale de se projeter dans l'avenir. Mais pas question de transformer ce bébé de la dernière chance en «bébé hameçon». Beaucoup disent: «Je n'ai pas le droit de forcer cet homme à devenir père contre son gré.» Il y aura inévitablement un afflux de questions de l'enfant, dès qu'il sera confronté à d'autres enfants et d'autres modèles parentaux. Il faudra peut-être prévoir un «roman familial», afin d'ancrer ce géniteur dans une réalité. L'enfant peut entendre que ses deux parents se sont aimés et que cet homme n'a pas pu devenir son père. Cela ne l'empêchera pas d'avoir avec d'autres figures masculines (le nouveau compagnon de sa mère; ses oncles; un ami proche) une relation solide. Il reportera ainsi sur d'autres «pères symboliques» ce qu'il (ou elle) n'a pas vécu avec son père biologique. Et si c'est un garçon, il disposera d'un modèle identificatoire possible.

Le bébé pansement

Ce bébé est une bénédiction, aux yeux de ces mères souvent jeunes: «Ce bébé, c'est ce que j'ai fait de mieux dans ma vie.» Être mère, même seule, est la seule relation qu'on peut s'offrir dans une vie semée d'embûches: enfance difficile, relations fusionnelles (ou très conflictuelles) avec la mère, épisodes de boulimie ou de toxicomanie, etc. La maternité est envisagée comme une «réparation» de situations mal vécues.
Ce bébé déclenche des sentiments complexes: d'un côté, en revivant avec lui ce qu'elle aurait aimé vivre avec sa mère, la jeune femme arrive enfin à «couper le cordon». En devenant mère, elle accède au statut d'adulte. Être enceinte, c'est en effet la façon la plus basique de déclarer: «Regardez, j'ai fait l'amour! Donc je ne suis plus une enfant.» Comme s'il fallait passer dans le camp des parents pour devenir vraiment adulte. De l'autre côté, la naissance précipite la mère dans un état d'identification à sa propre mère, dont elle cherche pourtant à s'affranchir. Enfin, il n'est pas rare qu'on prenne cette jeune mère pour... la grande sœur de son enfant. Ce retour à l'enfance est renforcé quand elle perd le contact avec le père de celui-ci. Sans conjoint, sans formation et sans

ressources, il arrive que la jeune mère retourne vivre chez ses parents. Elle redevient «la fille de...». Et dans le cas où le père n'a pas reconnu l'enfant, son bébé portera le nom du grand-père. C'est comme si la jeune femme donnait à son propre père un nouvel enfant. Pour que chacun reprenne sa place symbolique sous ce toit, il serait profitable qu'elle retrouve avec ses deux parents une plus juste distance. Par exemple en rencontrant un nouveau compagnon ou en quittant le domicile parental.

Et le bébé? Dans ce contexte où le géniteur est défaillant et la mère très investie, il sera peut-être difficile de construire son identité et d'éviter la fusion, curieux écho de la relation fusionnelle (ou conflictuelle) vécue par la jeune femme avec sa propre mère. À moins d'entreprendre une psychothérapie pour dénouer le fil et déjouer la répétition.

L'enfant rustine

Le couple flanche, tangue, se relève tout juste de crises à répétition. Pour l'un des partenaires, c'est le moment idéal de faire un bébé pour consolider cette union un peu fissurée. Résultat? Ça passe ou ça casse...

Pour être franc, ça casse souvent. Or, c'est une corbeille de naissance un peu encombrante qu'on dépose ainsi au pied du berceau de l'enfant. Le voilà embarrassé de deux sentiments contradictoires : d'un côté, un fantasme de réconciliation où il rêve du jour où ses parents se remettront ensemble. De l'autre, une forte culpabilité, si la mayonnaise ne prend plus dans le couple. C'est sa naissance qui a tout cassé : il est tellement dur (capricieux, nul à l'école) que ses deux parents n'ont pas envie de revivre ensemble.
Resituer l'arrivée du bébé dans l'histoire du couple parental enlèvera une sacrée épine du pied à l'enfant : non, ce n'est pas sa faute. L'enfant s'imaginerait volontiers au centre de tout, y compris de cette séparation. Si cette toute-puissance est une tendance naturelle chez lui, c'est aussi une manière de se protéger : il supporte mieux les pépins de la vie quand il se sent acteur plutôt que spectateur. Pourtant, il faudra dire et redire qu'il n'est pour rien dans cette histoire et que les deux parents sont seuls responsables. Il faut également rassurer l'enfant sur la pérennité de l'amour que les adultes éprouvent pour lui.

Elle a fait un bébé toute seule... en couple

Aberrante, cette situation ? Beaucoup moins qu'on ne l'imagine ! Il est en effet fréquent que les deux adultes ne soient pas « raccord » sur leur désir d'enfant. L'un est en avance sur l'autre ou l'autre a un train de retard. Résultat : au premier enfant, le partenaire n'était pas très chaud, mais il (elle) n'a rien dit. Au second bébé, les choses se gâtent... Cette fois, le couple implose. Ce décalage de désir en cache souvent d'autres, plus anciens ou plus enfouis. Ce bébé qui fait irruption dans la vie du couple sans que l'un des deux ne l'ait désiré est vécu comme une haute trahison. La grossesse peut alors entraîner une rupture quand les partenaires sont arrivés à ce point de non-négociation et de non-communication. Les hommes, en particulier, se sentent piégés par leur compagne. « Elle m'a utilisé comme un étalon, sans me demander ce que j'en pensais », disent-ils. Les conséquences de cette arrivée fracassante ? Elles sont les mêmes que celles du bébé rustine évoqué plus haut.

Le conjoint est décédé

Les réactions du parent resté seul dépendent beaucoup des circonstances de la mort. Brutale, elle laisse le conjoint effondré et dans le déni. Les choses sont différentes quand la mort avait déjà été envisagée, en cas de maladie du conjoint ou s'il exerçait un métier dangereux. Pour tous, l'événement s'accompagne de sidération, de déni, de colère, d'injustice («Pourquoi moi?»), de culpabilité («Apporterai-je assez d'amour et de sécurité aux enfants?»). Ensuite, viendra le temps de la tristesse et de la solitude («Personne ne me comprend; tout le monde voudrait me voir déjà remis(e)!») avant que la vie ne reprenne le dessus.
Mais retrouver sa vie à soi est compliqué: d'abord parce qu'il y a souvent une période d'idéalisation de la dernière période vécue avec le conjoint. Comment aimer un autre alors que le disparu était un être formidable? La question centrale après un tel événement est de se demander quel était l'état du couple avant la mort... Mais c'est une question rarement formulée. Aimer à nouveau, c'est aussi risquer de voir mourir ce nouvel amour, redoutent les survivants. Le parent seul a aussi du mal à réinvestir sa vie parce qu'il veut se consacrer à 100% à ses enfants. Parfois même, il a du

mal à déléguer à ses proches tant il s'imagine qu'il doit «payer de sa personne» pour être en même temps le père et la mère. Enfin, le parent resté seul est entouré d'une image si vertueuse qu'il préfère désinvestir la sexualité plutôt que reconnaître le manque.
Et pour les enfants? Parfois, le parent reproduit avec son enfant la relation fusionnelle qu'il avait avec le conjoint décédé. Cette symbiose est toujours compliquée, notamment à l'adolescence ou avec un enfant de sexe opposé («Maintenant, tu es le seul homme à la maison», dit la mère). Parfois aussi, grandir dans l'ombre d'un parent disparu et idéalisé sera lourd à porter, notamment quand l'enfant est du même sexe que le parent mort. Dans tous les cas, la présence d'un tiers de sexe différent du parent seul facilite la construction de l'identité sexuée.

Adopter un enfant en solo

Qu'on ait mené sa carrière tambour battant et un peu «oublié» sa vie amoureuse en chemin ou qu'on ait vécu un chagrin d'amour, tout cela n'empêche pas d'avoir un désir d'enfant intact. Quand on est seul(e) à 35-40 ans, pour une femme ou un homme (plus rarement), l'adoption est une manière de signifier que

l'amour n'a pas été possible mais que la transmission de sa lignée et la capacité d'aimer un enfant sont là. Après tout, renoncer à vivre à deux n'oblige pas à se priver du bonheur de devenir parent !
Pour cela, il faut d'abord obtenir l'agrément de l'Aide sociale à l'enfance (un service des conseils généraux) qui définit si oui ou non cet homme ou cette femme peut devenir parent. Une demande d'adoption faite par une personne seule n'est pas d'emblée éliminée. La capacité d'aimer un enfant et le désir d'être parent peuvent être aussi sincères qu'on soit seul ou à deux. L'attention est surtout portée à l'enfant. Il a vécu un abandon; il faut donc tout faire pour faciliter l'accrochage entre lui et son (ou ses) parent(s). Les professionnels sont très vigilants sur les conditions de vie matérielles, éducatives et psychologiques de l'adulte. Ils étudient notamment l'entourage du parent, et ce pour deux raisons. Il semble plus difficile à un parent isolé d'avoir des « garde-fous » psychiques pour laisser du champ entre l'enfant et lui. Cette tentation de toute-puissance ou de fusion (qui guette n'importe quel parent) est renforcée avec un parent seul. C'est un peu comme si le parent disait : « Je suis le seul à t'aimer. Je suis tout pour toi et tu es tout pour moi. » Face à ces rôles quasi inversés (l'enfant étaye son parent), la famille et les amis font office

de sas de ventilation. De plus, en accueillant l'enfant, les proches aident l'adulte à devenir ce parent-là, pour cet enfant-là. Enfin, ils permettent à l'enfant de grandir entouré d'adultes référents de l'autre sexe que son parent. Ces hommes (ou ces femmes) vont servir de modèle identificatoire à l'enfant et faciliter la construction de sa personnalité. Dans le cas où le parent seul est de même sexe que l'enfant adopté, ces adultes apportent du «tiers» comme disent les psys. Ils montrent à l'enfant qu'on se construit non seulement avec du «même» (le parent de même sexe que soi) mais aussi avec de «l'autre» (un adulte du sexe opposé à soi).

Derrière les beaux discours des candidats, les professionnels détectent parfois des choses incompatibles avec l'adoption. Par exemple l'éviction de l'autre sexe. Or, pour se construire, un garçon ou une fille a besoin de représentations positives des deux sexes. Dénigrer l'autre sexe revient à dire, par exemple dans le cas d'une femme: «Je n'ai pas besoin des hommes pour devenir mère.» Un enfant aurait du mal à grandir dans un foyer où la moitié de l'humanité est effacée...

Parfois aussi, les professionnels notent ce qu'on appelle le «syndrome de la Vierge Marie». Ce n'est pas l'autre sexe qui est évacué, mais la sexualité. Face à un candidat qui n'a pas ou plus de sexualité, ils s'interrogent sur les risques de fusion parent/enfant. L'adulte apportera peut-être des kilos de bonheur à l'enfant. Mais cette relation fusionnelle risque d'être étouffante pour l'enfant.

Parent homo et solo

La question de l'accès à la parentalité n'est plus réservée aux couples hétérosexuels. Elle se pose pour toute femme et tout homme, quelle que soit son orientation sexuelle. Il y a différentes façons de devenir parent quand on est homosexuel. Certaines femmes pratiquent l'insémination artificielle avec donneur connu. D'autres ont recours à l'insémination artificielle avec donneur inconnu, qui permet de disposer des spermatozoïdes d'un homme, sans rien savoir sur ce géniteur. La pratique est interdite en France, mais permise dans des pays voisins. D'autres encore font appel à une mère porteuse, mais c'est illégal en France. Enfin, certain(e)s homosexuel(le)s, solos ou non, cherchent à adopter un enfant en taisant leur homosexualité, qui serait source de refus: la législation actuelle interdit l'adoption à un couple homosexuel.
L'insémination avec donneur peut sembler peu poétique. Difficile de tricoter son «roman familial» à partir

d'une éprouvette remplie de paillettes de sperme! Et quand il s'agit d'une insémination avec donneur inconnu, on ne sait rien du géniteur. «Résumer le père à quelques gouttes de sperme, c'est faire de cet homme un produit vétérinaire», pourrait-on s'insurger. C'est en effet un peu violent pour un enfant. Tout dépend de la façon dont cette naissance a été racontée et de la place réservée à l'autre sexe.

L'enfant vivant avec un parent homosexuel a besoin de savoir, comme n'importe quel autre enfant, que le masculin et le féminin sont aussi respectables l'un que l'autre. Il n'est pas question de lui faire rejeter la moitié de son identité sous prétexte que le parent affirme son identité sexuelle du côté d'un même sexe.

Comment se construira celle de l'enfant? Être élevé par un parent homosexuel n'implique pas que l'enfant reproduise plus tard les orientations sexuelles de son parent, et il faut bannir ces stéréotypes. Ce serait oublier les influences extérieures. À la crèche ou à l'école, cet enfant voit quantité d'hommes et de femmes en couple, qui viennent chercher quantité d'enfants, élevés selon des stéréotypes qui les font devenir garçons et filles. Et il tombera amoureux d'une personne de sexe opposé au sien dans les mêmes proportions que ses copains de parents «traditionnels». C'est ce qu'a montré une étude américaine : les parents homosexuels ne fabriquent pas davantage de (futurs) homosexuels que les couples hétérosexuels.

Un parent « présent absent » ?

Combien d'enfants sont élevés par une mère (le plus souvent) qui assume quasi seule le quotidien ? Quel est le plus néfaste pour l'enfant : un père qui est là mais qui n'assume rien de sa fonction parentale ? Ou un père qui n'est là qu'en pointillé, mais sur lequel on peut compter ? Pendant longtemps, la fonction paternelle s'est bornée au remplissage du tiroir-caisse, pendant que la mère élevait les enfants. Aujourd'hui, certains hommes s'abritent derrière cette fonction économique pour démissionner de leur rôle. Mais ce schéma sur lequel fonctionnaient leurs pères est désormais obsolète. Beaucoup d'hommes prouvent qu'on peut en même temps être impliqué au travail et dans l'éducation des enfants. En cas de père « présent absent », que son métier oblige à travailler loin, tard ou à des horaires incompatibles avec la vie de famille, la mère doit « injecter » de la présence paternelle pour laisser au père la place qui lui revient. Les enfants sentiront alors qu'ils sont élevés par deux parents. Ainsi, on dira : « D'accord pour ton week-end chez Thomas, je pense que ton père sera d'accord », plutôt que : « Que veux-tu que je te dise ? Vas-y, chez Thomas ! Comme d'habitude, ton père n'est pas là. Donc je décide seule... » En impliquant le père, on rééquilibre les rôles parentaux et on ne se place pas en victime. D'accord, la femme porte enfants et quotidien à bout de bras. Mais à l'autre bout de la chaîne, l'homme travaille pour faire vivre la famille... Et ce rôle financier n'empêche pas l'homme de s'impliquer dans sa fonction paternelle, peut-être pas en quantité mais en qualité. D'ailleurs, quand il est investi par sa compagne, le père est toujours présent dans la tête de l'enfant. Même pendant ses absences, il est là pour poser les interdits et le structurer.

Un ex quasi absent

Après un divorce très conflictuel, il est encore peu fréquent que les parents optent pour la résidence alternée, permettant aux enfants de vivre de longs moments avec leurs deux parents. En général, les enfants sont confiés à l'un des deux, la plupart du temps à la mère, l'autre parent n'étant présent que par intermittence.

Comment évoluent les liens entre le parent «à temps partiel» et ses enfants? Si l'adulte se désinvestit, c'est une blessure narcissique pour ces derniers, qui se sentent si peu aimables puisqu'ils sont délaissés...
Autant que possible, il faut arriver à préserver un lien, même ténu, avec l'autre parent. Tant pis si ce père n'est pas idéal, tant pis s'il n'est pas aussi disponible qu'on le souhaiterait... mais au moins, il existe. Et les enfants peuvent bâtir avec lui une relation véritable, à défaut d'être parfaite. Sans cela, ils laisseront galoper leur imagination. Le risque? Qu'ils se cassent le nez quand ils découvriront qui est leur père. En revanche, ils apprendront à composer avec ses défauts, mais aussi ses qualités, s'ils maintiennent le lien avec lui.
Un ex quasi absent pose une autre question: qui exclut qui? Est-ce le père qui s'éloigne? Est-ce la mère qui est bien contente de récupérer ses enfants? Il se rejoue souvent des choses déjà présentes avant la séparation.

L'essentiel

Une situation de monoparentalité, subie ou choisie, fait souvent écho à l'histoire familiale du parent.

Un seul parent à la maison

- En donnant à la femme un statut de mère, le bébé vient parfois renforcer une identité féminine fragile.

- Quelles que soient les conditions de son arrivée sur terre, l'enfant ne doit pas se sentir responsable de la séparation de ses parents.

- Il est positif de construire un «roman familial» pour dire à l'enfant qui est (était) l'autre parent. L'idéal, c'est de maintenir un lien, même ténu, avec l'autre parent.

Chapitre 3
Devenir parent, le grand chambardement

Aujourd'hui, la grande majorité des parents solos le sont devenus à la suite d'une séparation. Dans cette société qui célèbre les bébés, on oublie un peu vite à quel point devenir parent est un bouleversement pour le couple. Et cette étape est encore plus compliquée quand il n'y a qu'un parent à la maison…

Pour les deux parents

⇒ Devenir parent, pas si évident !

À l'heure où les bébés sont tant fêtés, difficile d'avouer qu'avoir un enfant n'est pas que du bonheur à 100 %. Certes, on trouve toujours des parents, la larme à l'œil, pour expliquer qu'ils se sont épanouis depuis qu'il y a un berceau à la maison; que ce petit être les éblouit chaque jour. Soyons honnêtes : ce petit être éblouit, mais il pompe l'énergie ! Qu'on l'oublie ou qu'on l'occulte, la réalité nous rattrape vite. Devenir parent, c'est une véritable révolution. Intime, conjugale, identitaire... D'autant moins aisée que l'on contrôle le nombre des naissances et qu'on n'a jamais autant qu'aujourd'hui fait attention à l'éducation de l'enfant.

Devenir parent, c'est partir à la découverte de soi et de l'autre dans la « parentalité », des rôles jusque-là inédits. Que l'on soit seul ou à deux, les difficultés rencontrées sont à la mesure des joies que ce bébé nous procure : du bonheur, taille XXL. Mais aussi des doutes et des angoisses, taille XXL.

⇒ La fin de sa propre enfance

La grossesse et l'arrivée d'un enfant renvoient les parents à leur propre enfance. C'est en partie pour cela que se vit l'une des crises identitaires majeures de la vie d'adulte. On se repasse en boucle les instantanés de son enfance, on ressort les vieux albums, on interroge ses parents sur le comment et le pourquoi de son arrivée. Quelquefois, ce flash-back met en lumière des épisodes de son enfance dont on n'a pas gardé que des bons souvenirs.

«Quand on devient parent de son enfant, on cesse d'être l'enfant de ses parents.» Une lapalissade? Pas tellement: grâce à cette différence de positionnement, on porte un nouveau regard sur ses parents et son enfance. C'est souvent à cette période que de vieilles douleurs se réveillent et suscitent bien des questions: que souhaite-t-on reproduire de l'éducation reçue? Qu'est-ce qui nous a manqué? C'est un moment essentiel de lucidité sur son passé. Cela ne se fait évidemment pas sans remous intérieurs... Finalement, il faut bien neuf mois pour faire le point sur son enfance. Avant de se préparer, à son tour, à fabriquer de beaux souvenirs à son bébé!

⇒ Chacun son héritage familial

L'arrivée d'un enfant est donc souvent l'occasion d'une plongée dans l'héritage familial. Héritage conscient et parlé, pourrait-on dire, quand il renvoie à ses différents ascendants: leurs professions, leurs caractères, les unions et désunions, les disparitions, etc. À côté de cet héritage «officiel», il en existe un dont on parle moins, tout aussi fondateur de l'histoire familiale: l'héritage inconscient. Il ne se transmet pas avec des mots, et reste souvent tu. C'est un peu comme si l'enfant héritait à sa naissance d'un bout de l'inconscient des générations précédentes. Comme si les secrets de famille étaient des murmures pénétrant l'inconscient des générations à venir… Une naissance illégitime, une mort prématurée (meurtre, suicide, etc.), un aïeul aux mœurs débridées, un épisode tragique (mort d'un enfant, maladie) sont autant de sujets douloureux qui peuvent influencer la vie future de l'enfant. Sans qu'il en soit conscient. Et sans que personne n'en parle. Tout se passe comme si la famille était sensibilisée à ces thèmes et il n'est pas rare de trouver dans une génération des «répétitions» d'épisodes vécus par les grands-parents. C'est ainsi qu'il existe des lignées où les hommes meurent prématurément; des lignées de femmes se retrouvant seules pendant leur grossesse; des lignées d'hommes quittés par leurs conjointes, etc. Lorsqu'on vit en couple, la présence du partenaire stabilise. Imprégné par son propre héritage familial, lui aussi doit composer avec ce que ses aïeux lui ont transmis. Cela permet à chacun de relativiser son histoire, sans se laisser submerger par les émotions.

⇒ Passer du duo au trio

Ça y est, le bébé tant attendu est enfin là ! Facile pour personne, l'arrivée du bébé. Les deux parents se retrouvent obligés de passer de la relation duelle à la triade, dans laquelle se rejoue, sur un mode différent, la problématique œdipienne de chacun des deux parents. La mère se situe désormais à la place de sa propre mère; et son conjoint prend symboliquement la place de son propre père. Pour peu que l'un ou l'autre ait encore des relations compliquées avec ses géniteurs ou qu'il subsiste des points de désaccord ou de tension avec les parents ou beaux-parents, la situation s'accompagne de quelques grincements de dents. Les blessures de son enfance, jusque-là bien enfouies, remontent à la surface. Elles sont parfois sources de conflits et d'incompréhension entre les nouveaux parents. « On dirait que ce bébé ne te fait pas plaisir », « Il fallait le dire, que tu aurais préféré un garçon ! »: l'ambiance est orageuse. Quel couple n'a pas tâtonné à cette époque de la vie ?

⇨ Des émotions contradictoires

Il faut dire que tout concourt à ce flottement. Le bébé, ignorant la révolution qu'il provoque, bouscule les rythmes circadiens de ses parents sans culpabilité : il lui faut son casse-croûte toutes les trois-quatre heures ! La mère, juste remise de l'accouchement, calque son rythme de vie sur celui du bébé. Et cherche dans une journée hachée menu quelques poignées de secondes pour prendre sa douche (à 3 heures de l'après-midi), étendre le linge qui patiente dans la machine depuis la veille au soir, et descendre en quatrième vitesse, bébé sous le bras, acheter de quoi dîner à une heure décente. Alors, évidemment, les parents sont submergés. D'amour. Mais pas seulement : d'émotions, de fatigue, d'angoisse…

⇨ Tout petit… mais bientôt grand !

Éduquer un enfant, c'est l'aimer pour le rendre autonome et le pousser… à prendre ses distances ! Schématiquement, on lui apprend à crapahuter à quatre pattes sur le tapis du salon. Puis à marcher pour vaquer à ses occupations de bébé. Viendra ensuite le temps du vélo, des rollers et – moins attendrissant mais très attendu par l'adolescent – celui du scooter.
En résumé, plus l'enfant grandit, plus il s'éloigne. Mais il arrive qu'on ait du mal à accepter cet éloignement nécessaire et obligatoire. Au moment de sa naissance, le bébé est tellement dépendant de ses parents que cette idée de distance paraît incongrue à certains. D'autres éludent le sujet en ronchonnant : « On le sait bien qu'on n'élève pas ses enfants pour les garder avec soi ! » Il n'empêche…

Pour la femme

⇒ L'heure du baby blues a sonné

On peut l'expliquer de manière scientifique, en notant que la naissance du bébé s'accompagne d'une chute hormonale. Cet effondrement hormonal est suivi de la montée de lait, elle-même talonnée par une montée... de larmes.

Au fond, peu importe que la nouvelle maman ait ou non d'excellentes raisons de pleurer à tout bout de champ. Elle est en effet confrontée à une série de deuils douloureux : de la petite fille qu'elle était ; de sa vie d'avant, libre comme l'air ; de son corps d'avant, plus séduisant que celui qu'elle surprend dans la glace ; de sa grossesse. Il lui faut aussi « enterrer » la mère de son enfance. En devenant maman à son tour, elle fait avancer d'un cran la roue des générations : la voilà devenue mère et femme, face à sa propre mère devenue grand-mère. Enfin, il faut faire le deuil du bébé imaginé, beaucoup moins bruyant que celui qui s'époumone dans la pièce à côté.

⇒ Du bébé rêvé au bébé réel

Pendant neuf mois, on l'a imaginé joufflu et bouclé. Ou chauve comme un œuf et doté de grands yeux noirs.

On l'a fantasmé et chéri... Et le voilà différent de celui dont on rêvait !

D'ailleurs, il nous agace, celui-là. Il ne nous ressemble pas du tout. Il est gros mangeur dans une famille de grignoteurs ; et pas patient pour un sou. Cet atterrissage forcé dans la réalité s'accompagne de sentiments mélangés. Évidemment qu'on l'aime, ce bébé. Mais on ne fait pas que l'aimer ! Cette ambivalence est une projection de celle qu'on a éprouvée, des années avant, pour sa propre mère. Car une relation aussi forte est teintée d'amour et de haine. Rappelez-vous l'adolescence houleuse où l'on essayait, tant mal que bien et sans douceur, de se dégager de cet amour si intense...

⇨ « Je ne sais pas m'y prendre »

Pour peu qu'il pleure dans son bain (quand le bébé des copines rit aux éclats), qu'il s'endorme sur le sein après deux goulées ou qu'il n'aime que les siestes éclair, ça y est, nos certitudes s'écroulent. Le lait n'est pas assez (ou trop) riche ? Le bébé a-t-il des coliques ou envie de dormir ? Veut-il un câlin ou un bain ?

La mère est ensevelie sous une avalanche de questions sans réponse. Elle se sent complètement dépassée. Et ce ne sont pas les conseils avisés mais peut-être contradictoires des « expertes » (meilleures amies, mère ou belle-mère, collègues, voisines) qui rassurent ! « Je ne sais pas m'y prendre... », clame la nouvelle maman. Par peur d'égaler sa propre mère ? De surpasser cette dernière ? À chacune de trouver sa réponse.

⇨ La tentation de la toute-puissance

À l'inverse, certaines femmes se sentent tellement investies de ce nouveau rôle qu'elles en oublieraient presque un « détail » : il a fallu deux adultes pour fabriquer ce bébé ! Devenues en un clin d'œil spécialistes mondiales du nourrisson, elles surveillent tous les faits et gestes de leur compagnon, prêtes à sortir le carton jaune à tout instant. D'autres s'y prennent différemment : elles sont si omniprésentes que le père a du mal à approcher son bébé... « Laisse, je m'en occupe », répètent-elles. À ce jeu-là, tout le monde est perdant : la femme est dans une telle toute-puissance qu'elle aura du mal à laisser d'autres personnes s'occuper du bébé ; le bébé sera perdu sans sa mère en ligne de mire ; et l'homme se sentira tellement sur la touche qu'il finira par baisser les bras et se désintéresser du nouveau-né.

⇨ Il y a tromperie sur la marchandise

« Personne ne m'avait dit que je vivrais comme un zombie pendant trois mois ! », protestent certaines femmes.

Elles s'étaient attachées à l'image d'Épinal (maman fraîche et rose + bébé paisible dans son berceau) plutôt qu'à cette réalité qui leur saute aux yeux. Elles sont décoiffées, désorganisées, épuisées par ce petit bout qui dort (enfin), à propos duquel elles se demandent comment le faire grandir sans qu'il glisse au fond de son bain ou s'étouffe avec son doudou.
Cette « face cachée » de la parentalité, on aime autant l'oublier une fois passés les premiers mois (ou un peu plus, en cas de bébé petit dormeur ou grand agité). Pour celles qui vivent ce quotidien, c'est une supercherie. Où est le bonheur tant décrit ? Où sont les scènes de liesse familiale ? Qui s'occupe des courses ? Et comment trouver une demi-heure pour aller chez le coiffeur ?

⇾ Idées noires pour nuits blanches

En mettant au monde son bébé, on accepte d'avancer d'un pas sur le chemin de la vie. On change de place et de rang : cette responsabilité est parfois écrasante. D'autant que cet enfant dépend de nous à 100 %. Au moindre coup de mou, tout s'effondre. D'ailleurs, des peurs irrationnelles nous assaillent. Et si, éreinté par cette vie si éloignée du scénario idéal, le partenaire tournait les talons ? Que sait-on de la mort subite du nourrisson ? Et ces sièges-autos, sont-ils vraiment fiables ?

Pour l'homme

➾ Apprenti papa

On n'apprend pas à devenir papa du jour au lendemain ! Combien se sentent maladroits avec ce petit concentré d'humanité entre leurs mains ? Ils ne savent pas le porter, sont intimidés à l'idée de le baigner, de le changer. Et pourtant, c'est bien la somme de ces (relatives...) maladresses qui aide à construire leurs gestes de pères. Pas moins aimants, mais différents de ceux de la mère. Certaines femmes ont la critique rapide : « Tu vas lui faire mal ! », ou : « Il avale de l'air, quand tu tiens le biberon comme ça ! » En réalité, ces dernières ont tout à gagner à laisser le compagnon exercer son talent comme il l'entend. C'est à la mère de lui laisser sa place. Et l'homme n'a pas besoin de reproduire les gestes de sa femme pour devenir un papa. Il a son odeur, sa densité physique, et le bébé a vite perçu la différence entre l'un et l'autre. Différence ne signifie pas préférence : il a simplement besoin de ces deux manières d'être aimé et cajolé. Enfin, dans leurs tâtonnements initiaux, les pères apprennent une chose essentielle aux mères : on n'a pas besoin d'être parfait pour s'occuper d'un bébé ! Lequel ne s'arrête donc pas de respirer si on ne le porte pas comme l'indiquent les manuels. Une révélation pour certaines, décidées à concourir pour les championnats du monde de la meilleure maman !

⇾ Exclu et jaloux

Même s'il est difficile de l'avouer, l'arrivée d'un bébé peut être une période violente pour un homme. Lui qui partageait un quotidien heureux avec une compagne attentive et disponible se sent doublement trompé.
D'abord, il se sent quasi exclu de l'histoire d'amour sans nuages qu'il voit naître entre sa compagne et le bébé. Il peut éprouver de la jalousie face à ce duo mère/bébé si fusionnel, et face auquel il a du mal à prendre sa place. Cette jalousie, il la ressent parfois aussi contre sa femme, qu'il envie de se sentir si à l'aise avec le nouveau-né. Enfin, il arrive qu'il soit également jaloux de ce petit être qui lui « pique » sa femme !

⇾ « Il y a une mère dans mon lit ! »

Il se réveillait chaque matin à côté de son amante. Et voilà qu'aujourd'hui, il s'endort à côté d'une mère ! Mère et maîtresse, deux facettes d'une seule et même femme. C'est parfois une de trop... Certains hommes ont du mal à poser un regard amoureux sur celle qu'ils considèrent désormais plus comme une mère (qui fait la soupe, change le bébé et rappelle inévitablement sa

propre mère) que comme une amante. Il faudra aussi un peu de temps pour intégrer cette idée : pendant quelques semaines, il est possible que la femme « d'avant » soit aux abonnées absentes, trop absorbée qu'elle est par son nouveau statut !
Ensuite, le nouveau père devra effacer peu à peu les scènes de l'accouchement. C'est un moment fondamental dans la vie d'un parent, mais ces scènes intenses, parfois violentes, parasitent le regard amoureux. En s'estompant, elles permettent de remettre du sensuel et du sexuel là où il n'y avait que du charnel. Pour certains, quelques jours suffisent. Pour d'autres, c'est plus long.

⇾ Cherchez l'amante derrière la mère

Ce changement du regard masculin ne trouve pas toujours écho chez la nouvelle maman. Traumatisée par l'épisiotomie ou les douleurs éprouvées pendant l'accouchement, elle peut avoir du mal à réinvestir sexuellement son corps. « Pas tout de suite, j'ai peur, j'ai mal », demande-t-elle. Ce corps qui fut pendant des mois le lieu de la maternité doit peu à peu redevenir un lieu mixte, pour la maternité et la sexualité. Le regard d'amour et de désir du compagnon aide à dépasser ses peurs : non, ce corps ne sert pas uniquement à allaiter, porter et bercer le bébé. Comme celui de l'homme, il est toujours un territoire de plaisir et d'échange pour les deux parents.

Quand on est parent tout seul

⇾ Passer du duo au solo

Quand l'homme (ou la femme) disparaît ou quitte le foyer autour de la naissance de l'enfant, il est difficile d'assumer tout en même temps: le chagrin du deuil ou de la rupture, et le bonheur de devenir parent. La dépression liée à l'absence de l'autre parent trouvera en outre les mères en plein baby blues... qui risque de durer plus longtemps que pour d'autres femmes. Mais il n'y a pas le choix: il faudra faire face. Bien sûr, il y aura plus de bas que de hauts. Mais tous ceux et celles qui sont passés par là savent à quel point le bébé aide à ne pas couler. Il est une réalité tangible de 3,5 kilos qui a besoin de vous 24 heures sur 24. Pas le temps de penser ou de pleurer? Cela vous épargne les plongées abyssales mais ne limite pas les remontées de moral, au premier sourire de l'enfant...

⇾ Des kilos de culpabilité

Un parent unique est souvent assailli par la culpabilité: «Je ne lui offre pas un cadre de vie classique», «Il res-

tera toujours en quête de celui qu'il ne connaît pas», «Je ne sais pas si c'est bien de l'élever ainsi». Les doutes vous envahissent au moment de la conception, pour vous lâcher... un demi-siècle plus tard, dans le meilleur des cas.
Exagéré? À peine, tant le modèle dominant reste la famille avec un père et une mère sous le même toit. En réalité, seul ou à deux, chaque parent est confronté à ses propres limites. Et tous se demandent s'ils sont trop exigeants ou trop permissifs, trop protecteurs ou trop désinvoltes. Vous ne ferez ni forcément pire, ni forcément mieux que les «biparents». Par définition, le parent est imparfait. Et c'est très bien ainsi. C'est ce qui donne à l'enfant l'envie de grandir et d'aller voir ailleurs.

⇨ L'heure des angoisses

Quand on n'a pas d'interlocuteur adulte sous la main pour apaiser ses angoisses, ces dernières galopent. «Ce type d'éducation provoque-t-il un dysfonctionnement?»; «Que se passera-t-il si je meurs?»; «Vais-je lui apporter assez (d'attention, d'amour, d'argent, d'éveil)?»; «Comment faire si je suis au chômage?»
Il ne faudrait pas considérer soi-même la monoparentalité comme la porte ouverte à tous les problèmes. D'abord, cela reviendrait à mettre les foyers à deux

parents sur un piédestal qu'ils ne méritent pas forcément. Et ce serait endosser un costume de «perdant» bien inutile. Vous le constaterez vite, la société n'est pas tendre avec les parents uniques: difficultés de socialisation de l'enfant, échec scolaire, misère sociale ou sexuelle, les réflexions perfides ne manqueront pas. Alors, autant ne pas noircir soi-même le tableau! La situation est économiquement fragile et la vie de famille n'est pas reposante. Mais cela n'est pas par essence pathogène.

⇾ La tentation de la fusion

Parent unique avec un enfant unique, la tentation de se replier sur ce duo est fréquente. La situation n'est pas si rare puisque 56 % des familles monoparentales ont un seul enfant (contre 40 % des familles dites «traditionnelles» – source Insee 1999). Le repli sur ce duo est réconfortant: l'enfant ne risque pas de partir comme l'a fait l'autre parent. Et ce face-à-face est facile lorsqu'on a du mal à aller vers les autres. Mais peu à peu, cette fusion fait changer l'enfant de statut. Au début, on le gronde comme n'importe quel enfant; puis on lui demande son avis sur les menus de la semaine; puis il fait les courses avec nous, avant de décider du programme du week-end. D'enfant, le voilà devenu partenaire, voire confident de son parent.

C'est oublier que l'éducation est un contrat à durée déterminée visant à donner à l'enfant suffisamment confiance en lui pour qu'il s'éloigne de son parent. Or, il aura du mal à prendre son envol s'il s'interdit (ou si on lui interdit, inconsciemment) de faire pousser ses ailes. Il n'ira pas non plus très loin s'il perçoit que le monde extérieur est à ce point effrayant que son parent doit s'en protéger.

⇨ Bébé adoré… mais pas seulement

L'enfant était peut-être très désiré, mais finalement, son arrivée marque la fin de l'histoire amoureuse du couple parental. La tentation est grande de rejeter cet enfant… Ce risque existe aussi face à un enfant à moitié désiré. Ou qui ressemble trait pour trait à celui ou celle qui nous a fait tant souffrir et dont on ne veut plus entendre parler. Ou face à une fratrie jugée responsable du désert de sa propre vie.

On ne peut pas faire porter à un enfant une telle responsabilité qu'il n'a en aucun cas à assumer. Ce n'est pas sa faute s'il est arrivé par surprise, s'il ressemble au parent absent, s'il empêche d'être libre de sortir. Il va falloir démêler ce qui renvoie au conflit conjugal et ce qui relève de son rôle parental. Le conflit entre les adultes n'a pas à déteindre sur la relation avec l'enfant.

S'il le faut, un professionnel (psychologue, médiateur familial) aidera le parent à analyser ce sentiment de rejet pour l'aider à s'en libérer.

➾ Des sentiments ambivalents

L'entourage proche constitue le seul interlocuteur disponible avec qui partager le quotidien. Parler de ses souffrances ou du bonheur d'être parent avec sa fratrie, ses amis, ou l'éducatrice de la crèche est une aide précieuse pour un parent seul.

Mais en même temps, on est si vulnérable et si perméable aux paroles des autres que les échanges sont parfois compliqués. « Je me demande si tu le couvres assez », s'interroge la belle-mère. « Ils ont l'air fatigués, tes enfants », remarque la voisine. Que ce soit sur des détails anodins ou sur des questions fondamentales, ces remarques déstabilisent. Le parent seul jongle en permanence avec des sentiments contradictoires. Il se sait dépendant de son entourage pour assumer le quotidien. En même temps, il s'agace de cette dépendance (surtout face à ses propres parents !). Et il s'énerve contre ce même entourage si plein de conviction, à l'heure où lui en manque cruellement.

⇾ Déprimé(e)?

Quand le parent va bien, l'enfant va bien, répète-t-on ici et là. Quelle bonne nouvelle, pour vous qui vivez avec un mouchoir greffé dans la main depuis des semaines! Se laisser le droit à la tristesse ne signifie pas qu'on se laissera couler pendant des années. Oui, l'heure est d'ordinaire aux larmes de joie et d'émotion. Pour les autres, sûrement... mais pas pour vous. Ne culpabilisez pas, ce serait inutile. Pas de chance, l'arrivée du bébé coïncide avec un deuil ou une rupture. Aujourd'hui, ce bébé et le bonheur qu'il apportera bientôt ne peuvent pas masquer votre peine. Mais demain, vous serez les premiers surpris: on peut être au fond du gouffre et très heureux dans la même journée. Si, si!

L'essentiel

- **Devenir parent provoque un bouleversement personnel qu'on a tendance à sous-estimer, tout à la joie de pouponner.**

- **Les épisodes douloureux de son enfance ressurgissent parfois quand on devient parent. Cela crée des tensions dans le couple.**

Un seul parent à la maison

- Les nouveaux parents vivent une série d'émotions contradictoires : joie, peur de ne pas savoir faire, épuisement, angoisse, etc.

- Laisser au père la place qui lui revient permet d'éviter la fusion mère/enfant. Et rappelle que le bébé ne peut pas être tout pour sa mère. Et réciproquement...

- Le duo parent seul/bébé est sécurisant mais ce serait donner au bébé un statut de partenaire, alors qu'il doit rester un enfant.

- Si la naissance survient peu après un deuil ou une rupture, laissez-vous le droit à la tristesse. Le bébé vous aidera à reprendre pied.

Chapitre 4
Parent solo au quotidien

La vie d'un parent seul n'est pas de tout repos. Comment trouver le juste milieu entre trop et trop peu d'autorité ? Comment organiser sa vie professionnelle ? À quelles aides a-t-on droit ? Et comment vivre bien avec un budget limité ?

Quelles difficultés ?

⇒ Entre le trop peu d'autorité…

Ce n'est pas simple d'être en même temps celui qui cajole et celui qui fixe les limites. D'autant que les parents solos culpabilisent souvent : « C'est déjà si dur, je ne vais pas en plus le gronder ! », disent-ils. C'est vrai qu'il est plus reposant (et plus gratifiant !) de câliner un enfant que de s'opposer à lui dix fois par jour…

Un seul parent à la maison

Un parent qui refuse l'affrontement, c'est parfois un adulte qui supporterait mal d'entendre: «Je ne t'aime plus, tu es trop méchant!» Mais éduquer sans opposition est une manière de poursuivre la fusion parent/enfant des débuts de la vie. En faisant comme si l'enfant était un prolongement de soi, il n'y a plus de limites entre le parent et l'enfant. La prise de distance, nécessaire pour grandir, sera très compliquée...
L'enfant a besoin de limites claires pour se construire, même si cela doit passer par le conflit. Grandir sans limites, c'est comme rouler en voiture sur une route non balisée: on finit par se perdre! De même, c'est angoissant pour un enfant de sentir qu'il peut manipuler ce parent trop gentil. «Dis-moi jusqu'où j'ai le droit d'aller?», semble clamer ce petit survolté, qui enchaîne pitrerie sur colère devant son parent désolé, mais n'arrivant pas à sévir.
C'est contrariant de toujours contrarier son enfant? Oui, mais c'est ainsi qu'on fixe les règles de vie commune et qu'on apprend à l'enfant à savoir différer ses désirs. Cet apprentissage forcé de la socialisation, c'est à la maison qu'il commence. Non, on ne peut pas parler en hurlant, terroriser les plus petits et répondre aux adultes. Une fois qu'on a compris ce principe, on pourra être heureux parmi ses pairs, sans son parent. Sinon, c'est le règne du «tout, tout de suite, tout le temps». Et d'autres

adultes (à la crèche ou à l'école) ne tarderont pas à rappeler que vivre en société, c'est intégrer la loi.

⇨ … et l'excès de règles

À l'inverse, certains parents seuls ont tellement peur de surprotéger l'enfant qu'ils lui en demandent un peu trop, sur l'autonomie ou l'autorité. L'estime de soi de cet enfant trop vissé ou trop autonome n'est plus surdimensionnée comme précédemment… mais sous-investie ! De plus, la vie en symétrie du parent et de l'enfant (notamment quand ce dernier est enfant unique) finit par gommer la différence de génération. L'enfant devient le compagnon de son parent. Parfois même, quand l'adulte ne va pas bien, les rôles s'inversent. L'enfant « parentifié » devient ainsi la béquille de son propre parent. C'est un peu le monde à l'envers…
Le risque ? L'hypermaturité de l'enfant. On lui demande en effet de brûler les étapes de son enfance. Certes, il assumera, sera autonome ou très soumis à l'autorité. Mais viendra un jour où cette valise sera trop lourde à porter. Il aura besoin d'affirmer sa personnalité et de faire l'enfant. C'est-à-dire d'être insouciant, centré sur ses désirs, impatient et un poil rebelle. Mieux vaut vivre tout cela à 5 ans qu'à 15 ans. Car les crises de l'adolescent sont d'autant plus explosives qu'elles mijotent depuis des années…

Un seul parent à la maison

⇾ La monoparentalité à toutes les sauces !

«C'est sûrement parce que je l'élève seul(e) qu'il fait autant de caprices»; «Il fait des cauchemars ces jours-ci. Notre vie le perturbe...» Quel parent unique n'a pas pensé que son mode de vie est un handicap pour l'enfant? En fait, à 2 ans, ce n'est pas parce qu'il vit dans un foyer monoparental qu'un enfant est capricieux. C'est ainsi pour tous ceux de son âge! Il régresse sur la propreté? C'est probablement qu'il concentre son énergie à progresser ailleurs, par exemple sur le langage. Il ne vous parle plus de ce qu'il fait en classe? C'est qu'il en discute avec ses copains. Les enfants passent tous par des phases de régression ou de progression, d'investissement vers le monde extérieur et de repli sur la famille. Tout cela n'a rien de spécifique à la monoparentalité. À force de tout relier à cette dernière, c'est comme s'il se formulait des injonctions inconscientes entre une attitude de l'enfant (il travaille mal; il mange peu) et la présence d'un seul parent à la maison. On crée des ponts là où il ne doit pas y en avoir. À terme, l'enfant s'enferme lui-même dans ce fonctionnement: «C'est normal que je ne travaille pas bien, il n'y a pas de père (ou de mère) à la maison!» Avec ce raisonnement fataliste, tout est tellement joué à l'avance qu'il n'y aurait plus qu'à baisser les bras...

➾ La toute-puissance, très tentante

À force d'être le seul adulte à assumer les grandes décisions concernant la vie de l'enfant, on finit par endosser les deux casquettes, celle du père et celle de la mère. Or, on ne peut pas être tout pour l'enfant. Donner à l'enfant l'illusion qu'on est en même temps son père et sa mère revient à le persuader qu'il n'a besoin de personne d'autre que son parent pour combler ses manques. En étant tout pour l'enfant, on l'oblige à être à son tour tout pour son parent. Ce n'est pas le meilleur moyen de le laisser grandir et être heureux loin de soi. Ce n'est pas non plus l'attitude qui lui donnera envie de voler de ses propres ailes…

➾ « J'en peux plus ! »

Autant de casquettes sur une tête finit par peser lourd. Entre le travail, les 12 kilos de courses – effectuées en compagnie d'enfants ronchonnant – à ranger, les devoirs, l'histoire d'avant dodo et les papiers administratifs remplis entre le fromage et le repassage, il y a des jours où vous êtes à bout. Une goutte d'eau (il faut ressortir à 19 heures acheter le pain, un jour de pluie, avec ses enfants sous le bras) suffit à faire déborder le vase. D'un coup, c'est l'explosion. S'excuser pour cette fessée ou cet emportement excessif ? Une fois, pourquoi pas.

Mais l'enfant doit comprendre que de temps en temps, vous avez le droit de craquer.

Eh oui ! vous n'avez pas toujours l'énergie de régler calmement un énième conflit à propos de la Game Boy, de demander pour la douzième fois de ramasser le linge sale ou de supplier le petit dernier de prendre son bain. Après tout, c'est aussi une manière de rappeler les règles de vie à la maison. Vous verrez qu'après la tempête, les enfants seront calmés.

➾ « Je n'arrive plus à rien »

Quand la violence, l'insolence ou la rébellion deviennent le seul mode d'expression de l'enfant, le parent seul se sent dépassé. Cette attitude de l'enfant exprime en même temps le besoin impérieux de s'éloigner de son parent et la difficulté à s'en séparer. L'adulte se sent impuissant ? Il a raison. Il y a en effet des périodes (l'année qui suit la séparation ; l'adolescence ; l'arrivée d'un nouveau compagnon ou d'un bébé) où la relation parent/enfant patine. Cela ne doit pas empêcher les parents de rappeler les limites (« Tu ne peux pas me parler sur ce ton ! » ; « Tu n'as pas le droit de te comporter ainsi à l'école ! »). Peut-être faudra-t-il envisager l'aide d'un tiers, pour apaiser parent et enfant et retrouver un niveau de communication acceptable.

Quels atouts ?

➾ Il n'y a pas de parent parfait !

On gagne du temps sur les « biparents » en découvrant un principe fondamental : le parent parfait n'existe pas. Le parent solo, qui court après le temps, l'a compris avant tout le monde... Il y est bien contraint ! Quand on est le nez dans le guidon, on se recentre sur l'essentiel. Bref, on devient un vrai parent plutôt qu'un parent idéal. En s'interrogeant sur quel type de parent on est (câlin ou taquin ; petits plats ou pâte à modeler ; amateur de rollers ou de BD), on s'interroge sur ses vraies envies. Pour se préparer à dire plus tard : « J'ai fait comme j'ai pu, ni mieux ni moins bien que les autres. »

En baissant ainsi son niveau d'exigence, le parent accepte sans culpabilité ses propres limites. Pas le temps de faire une purée de légumes, ce soir ? Il reste des petits pots. Pas envie de faire une halte au square, ce soir ? On s'en passe. Le temps gagné, on le consacre à ce qu'on aime faire. Ce soir, c'est repas de crêpes pour tout le monde. Demain, on va à la piscine, le frigo à moitié désert patientera. Et l'enfant ? Il est aux anges. Il ressent le plaisir que vous prenez à ces activités... au moins autant qu'il percevait les efforts que vous déployiez pour les tâches qui vous barbaient !

➾ La fin des disputes

Faute de «combattant» (l'autre parent), il n'y a plus de disputes ! C'est autant d'énergie récupérée pour les choses essentielles... Cela a l'air d'une boutade, mais de nombreuses études soulignent le caractère nocif des disputes parentales pour les enfants. Ce qui apparaît délétère pour le développement psychique d'un enfant, c'est le conflit entre les adultes, bien davantage que d'avoir des parents divorcés ou un seul parent dans la famille. Mieux vaut donc vivre avec un parent seul plutôt qu'avec deux parents en guerre. Car s'il y a conflit, l'enfant a tendance à prendre parti pour le parent qu'il sent le plus faible, et à rejeter l'autre. Une position d'arbitre qu'il déteste. En même temps, il devient le confident de son ou ses parents. Ce rôle lui procure du plaisir mais lui fait perdre du même coup son statut d'enfant.

Que les parents seuls se rassurent. D'ici peu, vous retrouverez le chemin des disputes : avec des adolescents, les occasions d'accrochage ne manquent jamais !

➾ Savoir déléguer

Vous avez compris qu'on ne peut pas être en même temps père et mère. Même en assumant toutes les fonctions éducatives, il est impossible d'être à la fois un modèle d'identification masculin et féminin.

Depuis la naissance de votre enfant, vous avez appris à déléguer. Et vous avez su introduire du «tiers», notamment du tiers du sexe opposé. Les parents seuls savent à quel point un grand-père ou un oncle (pour une mère), une marraine ou une tante (pour un père) jouent un rôle précieux pour l'enfant. Accepter d'être aidé par ses parents, ses amis, c'est reconnaître ses propres limites. C'est aussi laisser à d'autres le droit de partager des choses avec son enfant... Donc laisser à l'enfant le droit d'être heureux sans vous. Cela n'a l'air de rien mais c'est une excellente habitude: c'est ainsi qu'il se construit!

Parlons d'argent...

⇒ Un budget serré serré

C'est mathématique: élever seul(e) un ou plusieurs enfants, cela coûte cher! Un seul salaire arrive souvent tout juste à couvrir les frais de cantine et les baskets à racheter, la facture du téléphone et celle de la crèche. Il suffit d'un seul extra (l'appareil dentaire, la facture du garagiste, un anniversaire) pour passer le mois dans le rouge. Personne ne sera donc surpris d'apprendre que les revenus d'une mère seule avec ses enfants sont inférieurs de 25 % à ceux d'une mère en couple.

Un seul parent à la maison

Qu'est-ce qui pèse lourd? Les frais de logement et d'éducation. Beaucoup de familles sont devenues monoparentales après une séparation. Dans près de neuf cas sur dix, c'est la femme qui vit seule avec les enfants. Quand elle garde le logement familial, ce dernier était «calibré» selon le budget du ménage, c'est-à-dire avec deux revenus. Aujourd'hui, seule à faire bouillir la marmite, la femme doit assumer des dépenses de logement «surdimensionnées». En plus, il ne faut pas compter sur les économies d'échelle: le foyer compte peut-être une personne en moins, mais on ne peut pas réduire le nombre de chambres! Un foyer monoparental, même «petit» (un parent + un enfant), ne pourra pas se contenter d'un F1 ou d'un seul lit... Certains objecteront qu'en cas de second parent présent, ce dernier participe aux dépenses pour l'enfant. Encore faut-il que ce soit le cas! En effet, seule une famille monoparentale sur cinq reçoit de l'autre parent une participation à l'éducation de l'enfant, alors qu'au moins une famille sur deux est divorcée, donc susceptible d'en recevoir. De plus, ce sont les conjoints séparés les plus aisés qui participent le plus aux dépenses. Les foyers monoparentaux au budget riquiqui se débrouillent donc souvent seuls.

⇒ Un patrimoine « rétréci »

Un seul salaire à la maison exige de la rigueur budgétaire : on entre souvent dans la vie en solo plus démuni qu'on ne l'était auparavant. La rupture s'accompagne fréquemment d'une répartition du patrimoine (« Tu gardes la hi-fi et l'électroménager ; je prends la voiture et les vélos. »). Le plus souvent, la mère garde l'essentiel, le père le moins indispensable. Ce patrimoine « rétréci » se constate aussi sur le nombre de parents seuls propriétaires : seul un tiers l'est, contre deux tiers des couples avec enfants.
Vivre sans le superflu signifie aussi qu'il est impossible de mettre de l'argent de côté. Heureusement que les grands-parents sont là ! Ils multiplient les coups de pouce : garde d'enfants, vélo, vacances, cadeaux, etc. Au besoin, les grands-parents hébergent le parent seul. Une femme de moins de 30 ans sur cinq, seule avec ses enfants, vit chez ses propres parents. Faute d'avoir les moyens de (re)prendre son envol...

⇒ Jongler entre enfants et emploi

Que faire des enfants, quand on travaille ? Lorsqu'un couple a un bébé, les adultes s'arrangent selon leurs envies ou leurs ressources. Par exemple, la mère prend un congé parental, le père opte pour un temps partiel.

Un seul parent à la maison

Quand on est seul, il n'y a pas le choix : soit on travaille et il faut faire garder le bébé. Crèche, nourrice, baby-sitting et parentèle seront mis à contribution. Soit on décide de ne pas travailler pour s'occuper du ou des enfants. Mais il faudra prévoir son retour à la vie active ou envisager une formation. Certaines mères préfèrent patienter jusqu'à l'entrée des enfants à l'école maternelle... avec les risques que comporte cet éloignement de la vie professionnelle : difficultés de réinsertion, repli... Pour d'autres, la question du choix ne se pose pas. Un tiers des mères seules ne travaillent pas et 23 % sont au chômage. Les résultats donnés par le CERC (Conseil de l'emploi, des revenus et de la cohésion sociale) en février 2004 dans un rapport sur la pauvreté des enfants le rappellent : les familles monoparentales sont les plus exposées à la pauvreté parce que les plus touchées par le chômage. D'ailleurs, 17 % d'entre elles vivent au-dessous du seuil de pauvreté.

⇾ Quelle place pour le travail ?

Mais il ne faudrait pas noircir le tableau : tous les parents seuls ne croulent pas sous les dettes puisque quatre familles sur cinq s'en sortent. D'abord parce qu'un parent seul est bien obligé de travailler : le taux d'activité des mères seules, par exemple, est de 85 %, au-dessus de celui des femmes vivant en couple (75 % – source Insee-Ined 1999). En outre, les mères seules ont un revenu moyen plus élevé. Pourquoi? Elles travaillent moins que les autres à temps partiel: elles ne pourraient en effet pas subvenir aux besoins du foyer avec un salaire non total. C'est en fait les plus jeunes femmes qui cumulent les difficultés: elles ont moins de diplômes (elles ont dû interrompre leurs études à la naissance du bébé) et sont plus souvent au chômage. De plus, elles ont moins souvent connu la vie en couple que les autres femmes. Sans soutien de l'autre parent, elles se retrouvent plus coincées. La «bonne nouvelle»? La monoparentalité rend les parents seuls plus égaux sur le marché de l'emploi. Là où les différences au travail (salaires, taux d'activité...) sont très marquées entre les hommes et les femmes vivant en couple, cette différence s'amoindrit quand on est parent solo. C'est un des aspects positifs les plus étonnants de la monoparentalité!

➾ Les systèmes d'aide

Il existe des aides publiques pour faire face au quotidien. Elles sont précieuses: une récente étude estimait que sans ces prestations, ce ne serait pas 17 % des familles monoparentales qui vivraient sous le seuil de pauvreté, mais le double...

Un seul parent à la maison

Un tiers des parents seuls est très assisté; à l'autre extrême, un autre tiers ne reçoit pas d'aide. La plus importante est l'API, allocation pour parent isolé. Comme son nom l'indique, elle est destinée à tous les parents (hommes ou femmes) qui élèvent seuls un enfant, ce qui exclut les adultes qui se sont remariés, ou qui vivent avec un nouveau partenaire. Créée en 1976, elle a connu un succès jamais démenti: de 50 000 bénéficiaires de l'API en 1979, on est passé à 170 000 aujourd'hui (source CAF).

L'allocation est versée jusqu'au troisième anniversaire de l'enfant le plus jeune, ou pendant un an après le fait qui a généré la monoparentalité: deuil, divorce, etc. En 1995, l'API concernait 13,6 % des familles monoparentales (Insee). Versée sous condition de ressources, elle permet à la femme de toucher 530 euros par mois pendant sa grossesse, puis 707 euros avec un enfant, plus 177 euros par enfant supplémentaire. Faut-il y voir une incitation à ne pas travailler, comme certains le pensent? Un moyen de conserver des familles en état d'assistance prolon-gée? Non. D'abord, l'API n'incite pas au non-emploi: en «volume», elle ne peut pas être comparée à un salaire. Ensuite, elle ne maintient pas les familles en état d'assistées puisqu'elle est versée pour un temps

donné. Le temps de «digérer» l'entrée dans la monoparentalité et de trouver du travail.
Si besoin, le RMI peut prendre le relais de l'API... Seul avec un enfant, le RMI est de 626 euros (au 1er trimestre 2004, source CAF). Quelques-uns se demandent s'il ne serait pas plus simple de remplacer l'API par le RMI : plus respectueux de la vie privée, ce revenu minimum d'insertion éviterait quelques incohérences. Il mettrait fin aux hésitations de certains pères qui redoutent, en reconnaissant l'enfant, d'empêcher la mère de percevoir des allocations, puisqu'il faut être «parent isolé» pour y avoir droit. Telle qu'elle est conçue, l'API ne facilite donc pas le lien père/enfant ! Autre aberration : aujourd'hui, une femme seule vivant avec ses enfants chez ses parents a droit à l'API, mais elle perd ce droit si elle décide de prendre en charge sa petite famille et d'héberger son compagnon, par ailleurs chômeur !
Quelles sont les autres aides ? L'allocation de soutien familial, soit 79 euros mensuels par enfant. Depuis janvier 2004, il existe la PAJE, prestation d'accueil du jeune enfant. Elle comprend la prime à la naissance ou à l'adoption de 808 euros versés au cours du 7e mois de grossesse pour un enfant, l'allocation de base de 161 euros mensuels jusqu'aux 3 ans de l'enfant (toutes deux versées sous condition de ressources), un

complément de libre choix d'activité et un complément de libre choix de mode de garde.
Comme toujours, la CAF considère qu'un seul parent est allocataire. Quand il existe encore un second parent, cela ne facilite pas la tenue des comptes. Si les relations sont détendues, les choses se règlent à l'amiable : « C'est moi qui reçois toutes les allocations, mais je t'en reverse une partie », ou bien : « Je suis le seul allocataire reconnu, donc je finance les grosses dépenses (vacances, activités). » Les associations de familles monoparentales rêvent du jour où les deux parents bénéficieraient d'une aide au logement ou d'un accès facilité aux HLM.

⇨ Troquez vos savoirs !

Avec un petit budget, il faut trouver des solutions pour bien vivre sans se ruiner. Usez et abusez des échanges de services. Analysez vos savoirs. Savez-vous couper les cheveux ? Changer un pneu ? Nager le crawl ? Écrire aux administrations ? Épiler à la cire ? Tondre une pelouse ? Poser une vitre ? Faire un ourlet ? Si vous avez répondu « oui » à l'une des questions, vous trouverez quelqu'un que votre savoir dépannera.
Il existe des systèmes d'échange de savoir, les SEL (systèmes d'échanges locaux), qui dépassent largement le

cadre du quartier. Chacun y liste ses compétences et peut bénéficier, sans débourser un sou, de celles des autres ! Ce type d'échanges a un autre atout : il crée du lien social et aère la famille qui vit parfois en vase clos. C'est par ce biais qu'on tombe par hasard sur un (autre) parent unique, doté d'un enfant unique...

➾ Faites jouer le système D

Contactez les associations de familles monoparentales (voir en fin d'ouvrage *Contacts utiles*), toujours prêtes à épauler le parent seul qui en aurait besoin. Ensuite, gardez un œil sur les circuits de revente que sont les boutiques Emmaüs, les dépôts-ventes, les braderies et les vide-greniers (l'agenda des vide-greniers dans sa région est consultable sur le Web : www.vide-greniers.org). Ce sont de bonnes occasions pour se meubler ou se faire plaisir sans faire pâlir son banquier.

Reste à se divertir à moindre coût... Les municipalités proposent souvent des loisirs tout à fait gratuits ou vraiment pas ruineux. À Paris, par exemple, les 6-12 ans font des ateliers (cirque, danse, photo) gratuits le samedi matin. Et il y a quantité d'autres ateliers d'éveil ou d'initiation gratuits. En cherchant bien dans sa commune ou auprès de l'office du tourisme, on repère vite les activités à petit prix ou gratuites : musées (le premier dimanche de chaque mois), le vélo, le bricolage récup', les balades en forêt ou à la base de loisirs, etc. Idéal pour s'oxygéner et voir du monde sans toucher à son portefeuille.

L'essentiel

Obligé d'être à la fois le gendarme et le pourvoyeur de tendresse, le parent seul apprend peu à peu à faire jouer les relais (amis, voisins, famille) pour apporter à l'enfant une autre figure parentale.

Un seul salaire à la maison exige beaucoup de vigilance. Quelquefois, la monoparentalité est synonyme de pauvreté. Mais c'est loin d'être la règle.

Il existe différentes allocations réservées aux parents isolés. Contactez votre CAF pour connaître celles auxquelles vous avez droit.

On n'a pas besoin d'avoir un énorme budget pour ses loisirs et ceux de l'enfant.

Chapitre 5
Du côté de l'enfant

Est-on forcément bancal quand on est élevé sans père ou sans mère à la maison ? Par quels comportements l'enfant signale son manque d'un parent ? Réussira-t-il à l'école ? Et plus tard, quel adulte deviendra-t-il ?

La construction de l'enfant

⇒ La naissance de l'attachement

Pendant des siècles, on a pensé que le bébé s'attachait à sa mère un peu comme un animal à son maître : par le nourrissage. Mais plusieurs travaux scientifiques ont bousculé cette idée après la Seconde Guerre mondiale. John Bowlby s'aperçut que les bébés étaient très sensibles au contact de la mère, même en dehors des heures de tétée. Le bébé ne pleure donc pas uniquement parce qu'il a faim mais aussi pour avoir un contact physique avec l'adulte qui s'occupe de lui le plus souvent.

Pour maintenir ce contact, il développe une série de comportements : sourires, regards. Ces expressions entraînent une réaction d'intérêt (et de tendresse !) de la part de l'entourage. C'est ainsi que le bébé s'attache aux personnes qui s'occupent le plus de lui (ses parents, mais pas seulement). Par ailleurs, on s'aperçut aussi qu'un enfant nourri régulièrement ne se développait pourtant pas bien s'il n'avait pas de contact avec un être humain, toujours le même, qui développait avec lui un lien privilégié. On démontra donc scientifiquement que le bébé a besoin autant de câlins que de lait pour grandir. Et qu'il s'attache à l'adulte (ou aux adultes) le(s) plus présent(s) auprès de lui.

⇾ Le précieux trio, casse-tête du parent seul…

Puisque le bébé se construit par les contacts, le bain de parole ou les jeux, le père est un objet d'attachement tout aussi valable que sa compagne. Au quotidien, il n'a pas besoin de jouer à la « mère bis ». Il lui suffit de se comporter à sa manière pour donner le biberon ou bercer le bébé. Lequel perçoit vite la différence entre ses parents. Ce père impliqué et différent de sa compagne va jouer un rôle essentiel : empêcher la fusion mère/enfant. Ces deux-là ont passé neuf mois liés l'un à l'autre. Ils continuent de vivre une relation très intense (allaitement,

câlins, etc.) mais vient un temps où il faut passer à un autre mode de relation. Non, l'enfant n'est plus le prolongement de sa mère et l'un et l'autre doivent digérer cette – dure – réalité. C'est le rôle du père d'être ce « tiers séparateur », comme disent les spécialistes.
Mais comment faire quand il n'y a plus qu'un parent ? C'est toute la difficulté. Cette question empoisonne le parent seul, toujours à se demander s'il en fait trop ou pas assez pour son petit. Les travaux scientifiques ont montré que le bébé peut développer plusieurs figures d'attachement principales. La plupart du temps, il s'agit de sa mère et de son père. Quand l'un des deux manque à l'appel, rien n'empêche l'enfant de s'attacher à un adulte très présent. L'important, pour éviter la fusion parent/bébé, c'est de laisser un autre jouer ce rôle de tiers. Il montre au parent qu'il n'est pas tout pour son bébé (puisqu'un autre adulte peut s'occuper de lui). Et il signifie au bébé qu'il a le droit de s'attacher à d'autres qu'à son parent. Un ami très proche, quelqu'un de sa fratrie, son nouveau partenaire amoureux, chaque parent choisira la personne la plus à même de tisser ce lien fort avec l'enfant.

⇒ Comment devient-on fille ou garçon?

En schématisant, on pourrait dire que la construction de l'identité sexuée se fait en deux temps pour un enfant entouré de ses deux parents. Autour de 3 ans, il prend conscience qu'il appartient à l'un ou l'autre sexe. C'est souvent dans les premières classes de maternelle qu'on demande aux petits de se ranger en deux groupes, les filles d'un côté et les garçons de l'autre. À quelques erreurs près, tous en sont capables. Trois ans, c'est aussi le début du complexe d'Œdipe, où l'enfant vit une grande histoire d'amour, hélas un peu contrariée, avec son parent de sexe opposé. L'enfant exprime son amour pour sa mère (s'il est un garçon) ou pour son père (si c'est une fille) et imagine quelques solutions radicales pour se débarrasser du parent encombrant: placard, garage, voire élimination pure et simple. Mais cette idylle imaginaire n'est pas faite pour durer. Les parents se mettent en général à deux pour le rappeler à l'enfant... L'enfant déchante, mais du même coup, il découvre que le parent jugé indésirable a finalement des attraits. Cette envie «d'être comme» papa pour un garçon, maman pour une fillette, amène l'enfant à s'identifier au parent de même sexe et crée le désir d'être comme ceux de son sexe.

⇢ De la théorie à la pratique

La pratique est plus compliquée avec un seul parent dans la maison. Dans l'idéal, des personnages extérieurs compensent le manque d'une des deux figures parentales en endossant symboliquement le rôle du parent absent. En maternelle, par exemple, les petits entretiennent avec les instituteurs des relations très fortes. Adossés à ces figures parentales positives (et de préférence de sexe opposé à celui de leur parent), ils se construisent en faisant «comme» le maître ou la maîtresse.

Là où le problème se corse, c'est quand le parent occupe cette place de partenaire œdipien sans que personne ne l'aide à sortir de cette relation. La situation est encore plus complexe quand le foyer se compose d'un «couple» mère/fils ou père/fille. Quand l'enfant sera appelé à s'identifier à d'autres référents, substituts du parent absent, comment réagira ce parent si fusionnel? Acceptera-t-il la distance que le garçon ou la fille souhaite prendre? Quand cet éloignement se fait mal ou tardivement, il n'est pas rare que le garçon ou la fille en rajoute. Comme s'il fallait revendiquer haut et fort cette identité si dure à construire. Et pour les duos parent/enfant de même sexe? Cette construction en miroir, avec «du même» (sa mère pour une fille; son père pour un garçon) ne doit pas faire oublier qu'on se construit aussi avec «de l'autre sexe». Il faudra donc aller le chercher à l'extérieur du foyer.

➾ Comment s'aime-t-on avec un seul parent?

Comment s'identifier à ce parent du même sexe que soi qui n'a pas été capable d'être son père (ou sa mère)? Et pour l'enfant de sexe opposé à son parent, comment se sentir si peu digne d'amour que votre propre mère (pour un garçon) ou père (pour une fille) vous délaisse? Ainsi, pour solidifier son estime de soi, le garçon a besoin d'une image paternelle gratifiante, notamment à l'école primaire. Face à ses copains, il devra construire sa propre image du modèle paternel, afin de le brandir en cas de pépin («Mon père, il est plus fort que le tien!»). Plus le père est présent, plus son image est positive et plus le fils se trouvera conforté au niveau de sa propre valeur. Quand le père est peu ou pas investi dans sa paternité, ou que l'image de cet homme n'est pas brillante, le garçon se sent menacé dans sa propre valeur. L'idéal serait de maintenir un lien entre le garçon et son père, même si la relation n'est pas parfaite. Au minimum, il faudra veiller à ne pas salir devant l'enfant l'image de ce père. C'est dans ces circonstances que le parent seul bénit le coup de main d'un autre «père symbolique»!

Et pour la fille ? Les choses semblent moins se jouer en termes d'estime de soi qu'en termes d'amour. Pour elle, la qualité de son père (qu'il soit quelqu'un de bien ou un pauvre type, pour schématiser) compte moins que l'amour que ce père lui porte. Autrement dit, elle a besoin de se sentir aimée de cet homme-là. Tant pis si ce n'est pas le meilleur des pères ou s'il ne renvoie pas une image valorisante…

Âge par âge, les difficultés

⇒ Pour les plus jeunes

• **La séparation, un sujet douloureux.** La séparation est et restera longtemps un sujet qui fait mal. Difficile de savoir qui de l'enfant ou du parent a le plus de difficulté à quitter l'autre. Si la rupture ou le décès du conjoint a coïncidé avec l'arrivée de l'enfant, le parent seul est alors très vulnérable. Il semble que rien ne soit jamais acquis. Que le parent s'absente trois jours ou une heure, que l'enfant parte à la crèche ou en vacances chez sa tante, la séparation se termine souvent dans l'émotion.

• **Des barrières un peu « molles ».** Un parent seul renonce quelquefois à élever le ton avec son tout-petit. Il n'est pas question que cet enfant – déjà amputé d'un parent – souffre en plus d'un manque d'amour ! Résultat ? En peu de temps, l'enfant devient un petit tyran domestique, qui fixe l'heure du coucher et (c'est le plus embêtant...) celle du lever. Qui décide du menu du soir et des habits qu'il mettra. « Cet enfant est autonome », dit-on poliment. Si à chaque manifestation d'autorité parentale l'enfant perçoit une dose équivalente de culpabilité chez son parent, il comprend qu'il peut prendre le pouvoir. Même s'il la désire, cette prise de pouvoir est source d'angoisse pour lui, et il la manifeste à sa manière : l'agressivité. Elle peut être tournée contre son parent ou ses copains, voire contre lui-même s'il refoule ce sentiment. En revanche, quand il met son parent à l'épreuve en se montrant agressif ou fusionnel et qu'il le sent droit dans ses bottes, il n'insiste pas. Un enfant sans limites prend l'espace vacant. Sinon, il reprend sa place... et délaisse sa couronne d'enfant-roi !

⇒ Pour les 6-10 ans

• **L'enfant compagnon.** La vie s'organise comme si un nouveau couple émergeait. La différence de génération s'estompant, l'enfant gagne une place de compagnon. La réalité fait alors écho à sa volonté d'être un grand, redoublée de ses désirs œdipiens, d'autant plus nets que l'enfant est unique et de sexe opposé à celui de son parent. Avec un parent qui s'oppose peu ou pas à ce fonctionnement, l'enfant n'apprend pas à intégrer les interdits. Le risque ? des enfants en recherche continuelle de limites et de satisfaction. Ce type d'enfants a tellement de mal à intégrer les règles de vie en groupe qu'il se met volontiers « hors jeu », y compris à l'école. Pour renoncer à ses projets œdipiens, l'enfant aurait bien besoin d'une image du couple...

• **L'enfant parentifié.** Que le parent le sollicite ou que l'enfant l'offre de lui-même, l'enfant vient soutenir le père ou la mère qu'il sent fragile. Il étaye alors le narcissisme défaillant, prenant au sérieux cette tâche et devenant ainsi « parent de son parent ». À la longue, ce costume est vraiment trop grand. Soutenir son parent est une tâche si ardue qu elle écrase l'enfant. Peu à peu, il a du mal à affirmer sa personnalité et se sent responsable de tout : « Je n'ai pas mis le couvert... » ; « Mon parent est malheureux... », etc. Une personnalité autant mise en sourdine s'exprime comme elle peut ; c'est-à-dire par à-coups. Avec brusquerie ou agressivité, toutes deux proportionnelles au poids qui pèse sur ses épaules, trop petites pour assumer ce quotidien.

• **Un sentiment de culpabilité empoisonnant.** Très investi dans son rôle de partenaire, l'enfant se sent coupable: d'être heureux sans cette mère ou ce père, en particulier si ce parent est déprimé («Je rigole avec mes amis pendant qu'il broie du noir»); d'être malheureux; de trouver ce huis clos étouffant (surtout s'il est enfant unique, comme c'est le cas une fois sur deux). En plus, il est en manque de l'autre parent. Il est malheureux de voir son parent malheureux. Il voudrait bien être comme ses copains, mais n'ose pas le dire à son parent.
Cette envie de normalité, le parent seul doit l'entendre. Cela ne signifie pas que l'enfant rejette son mode de vie. Simplement, il voudrait se sentir en conformité avec ses pairs, sur les habits ou les loisirs, le langage ou la composition de la famille.
La dépression d'un parent est-elle difficile à vivre pour l'enfant? Pas forcément. Car c'est un peu comme si ce parent avouait: «Tu ne peux pas tout m'apporter.» Elle rappelle aussi que l'enfant n'est pas là pour être seul pourvoyeur de bonheur de son parent. Il s'autorisera alors à trouver d'autres sources de bonheur que son parent.

• **«J'aime pas les changements».** Une estime de soi un peu fragile donne un enfant qui n'a pas une grande sécurité intérieure. Pendant que ses copains croquent la vie à pleines dents, l'enfant qui s'est construit sans deux parents sera plus vite déstabilisé par un événement extérieur. Déménagement, changement de travail de son parent, dispute avec un copain : ces miniruptures de la vie quotidienne font écho au premier fantasme d'abandon (celui du parent peu ou pas présent) que l'enfant garde enfoui dans un coin de sa mémoire. Et ces enfants élevés sur une patte, une seule lignée, souffrent souvent du « syndrome du héron » : au moindre soubresaut, ils tanguent...

➾ À l'adolescence

• **Éternel débiteur de son parent.** Avec un parent qui ne vit qu'à travers son enfant, ce dernier se sent « débiteur ». Ce sacrifice de l'adulte, l'enfant le perçoit et ne sait qu'en faire. C'est comme une dette impossible à rembourser, un cadeau impossible à rendre. Parfois, il aura quelques difficultés à s'en séparer. Il se mettra en quatre pour le soulager du quotidien ; reviendra dare-dare des soirées entre copains ; refusera les week-ends entre amis sous des prétextes fallacieux. Or, à cet âge, il aurait plutôt envie de l'inverse ! Il est possible que la réaction de l'adolescent, tourmenté par ces sentiments contradictoires, soit... explosive.

Un seul parent à la maison

• **Un envol difficile.** Prendre des distances avec son parent est nécessaire au moment de l'adolescence. Mais c'est difficile de s'éloigner quand on a l'impression de laisser derrière soi un parent à demi mort de tristesse. Convaincu qu'il est indispensable à la survie de sa mère (ou de son père), l'adolescent se sent piégé. Il ne peut se séparer de ce parent sans se trouver parricide. Se rogner ainsi les ailes n'est pas sans conséquence pour l'adolescent : il s'en voudra ou en voudra à son parent. Il exprimera ses désirs de liberté refoulés soit par le repli (voire la dépression), soit par le conflit ouvert avec le parent.

• **« Je veux vivre avec mon autre parent ! »** Dans le cas où l'autre parent existe, l'adolescent peut demander à partir vivre chez lui. Plus il grandit, plus l'enfant vit fréquemment chez son père (c'est lui qui partage le moins souvent le quotidien de l'enfant). Ainsi, 9 % des enfants de moins de 3 ans vivent seuls avec leur père, mais 13 % des filles de 12 à 17 ans et 16 % des garçons du même âge sont dans ce cas.

Ce changement de résidence est souvent profitable à l'adolescent, surtout s'il vit chez sa mère (et à fortiori si c'est un garçon seul avec elle) où la situation œdipienne devenait pénible. En prenant du champ, il retrouve une juste distance. Au quotidien, il aura désormais sous la main son modèle identificatoire : avec son père, il pourra parler sexualité, projets professionnels, etc. Par ailleurs, quand le parent s'est remis en couple ou que l'adolescent vit des relations privilégiées avec d'autres adultes, ces liens forts avec d'autres figures parentales nourrissent sa personnalité. Et baigner dans d'autres cultures familiales ouvre l'esprit.

Vos interrogations pour l'avenir

⇛ À l'école, l'effet « Pygmalion »

En considérant les enfants de parents seuls avec un à priori (« Il est nul en maths. C'est normal, il n'a pas qu'un parent. »), on risque de faire jouer l'effet « Pygmalion ». Dans les années 1970, un pédagogue a en effet montré qu'il existait un rapport entre le succès des élèves et le comportement des professeurs vis-à-vis d'eux. 20% des élèves étaient tirés au sort, et désignés comme très bons à l'enseignant. Huit mois plus tard, que constatait-on ? Le QI de ces élèves supposés brillants était en hausse significative par rapport au reste de la classe. Heureusement, l'expérience n'a jamais été tentée dans l'autre sens (désigner des

élèves nuls et observer les effets) mais chaque enseignant sait que son comportement avec l'élève favorise ou freine sa progression.
Pour un enfant élevé seul, la monoparentalité finit par être... sa marque de fabrique! Mais il peut être fâché avec les maths ou dyslexique sans qu'il faille évoquer sa situation familiale. Étonnez-vous qu'ensuite, il se réserve le droit de brandir son mode de vie quand ça l'arrange («Je n'ai pas fait mes devoirs, c'est parce que je n'ai pas de père chez moi»).

→ Risque-t-il de devenir homo?

Les enfants élevés par un parent seul ont besoin de deux modèles identificatoires, comme les autres enfants. Quand un des parents est peu ou pas présent, il ne laissera pas pour autant un creux dans la construction identitaire de son enfant. Ce serait oublier à quel point le monde va abreuver l'enfant de codes sociaux sexués. L'école, les autres familles, la télévision, les livres: tout se charge de construire le masculin et le féminin. À condition que le parent seul ne dénigre pas le sexe qui n'est pas le sien...
La meilleure preuve que cette construction de l'identité ne passe pas seulement par les parents? Une étude américaine a montré que les parents homosexuels ne

fabriquaient pas davantage de futurs homosexuels que les parents hétérosexuels.

⇾ Fabrique-t-on un futur délinquant?

Selon les études («Problèmes politiques et sociaux», La Documentation française – 2001), les enfants de familles séparées et monoparentales ne commettent pas plus de délits graves que les autres. Seront-ils plus grands consommateurs de drogues? La seule petite différence notable est la consommation de drogue douce. C'est surtout vrai chez les garçons de 14-17 ans. Chez les 18-21 ans, il n'y a plus de différence. L'explication? Les 14-17 ans ne sont pas plus en manque de repères que les autres. Mais amenés à «mûrir» plus vite que certains, ils franchiraient donc plus tôt ce rite de passage qu'est presque devenue la consommation de drogue douce. Centré sur le huis clos familial pour expliquer le comportement de l'enfant, on néglige trop souvent le rôle joué par l'entourage: fratrie, copains de classe ou de quartier. Eh oui, dès la préadolescence, la famille n'est plus la seule (ni la principale...) instance de socialisation!
Enfin, il est plus facile pour un parent d'exercer son rôle de «gendarme» quand il n'est pas lui-même dans une situation de semi-échec professionnel ou personnel. On l'a vu, c'est parfois le cas des parents seuls.

Au lieu de les stigmatiser et de commenter leurs prétendues défaillances éducatives, c'est plutôt le moment de les soutenir...

➾ Saura-t-il vivre à deux?

Vivre à deux paraît inné mais en fait cela s'apprend. Parfois, l'adulte qui a grandi avec un seul parent n'a pas le mode d'emploi du couple: qui fait quoi, quelles concessions faire. Quelquefois, dans les histoires de monoparentalité durable, le modèle «biparental» n'existe pas depuis plusieurs générations. Dans ce cas, l'adulte ne sait pas comment fonctionne un couple au quotidien, et en plus, il idéalise l'image du parent absent. Par exemple, une femme élevée sans père attendra de son futur compagnon qu'il corresponde à l'image idéale du père perdu, qu'il soit un compagnon attentif et un amant renversant. Avec une telle attente, elle va avoir du mal à trouver chaussure à son pied! D'ailleurs, elle préfère vivre seule que renoncer à l'un de ces trois idéaux. L'histoire familiale n'est pas loin de se répéter: si elle tombe enceinte d'un homme de passage, cette femme qui a souffert de grandir sans père ne trouvera pas d'homme à la hauteur. Incapable de se libérer de cette image idéale du père qui fait «écran» aux autres hommes, elle élève donc seule son bébé.

Mais comment tous les autres choisissent-ils leur moitié : se contentent-ils du premier venu ? Non, heureusement ! Cela dit, les adultes ayant grandi avec deux parents n'ont pas idéalisé autant l'une ou l'autre image parentale. Entourés de parents avec des qualités (mais aussi de défauts), ils savent que le quotidien exige des ajustements. Et qu'il n'est pas nécessaire d'avoir un conjoint parfait pour réussir à vivre en couple.

« Serions-nous condamnés à rater notre vie à deux ? », s'angoissent les adultes élevés par un seul parent. Pas du tout. En prenant conscience de son histoire familiale, l'adulte change la manière dont elle agit sur lui. Par exemple, s'il se décide (malgré tout...) à vivre à deux, il sera confronté à l'histoire familiale de son conjoint. Un bon moyen de relativiser l'importance de la sienne. Plus tard, en devenant parent (et parent différent à chaque naissance) ou en regardant vivre ses amis en couple, il expérimentera ce qu'est pour lui un père ou une mère. C'est une conclusion optimiste : se confronter à la vie, tel est le meilleur remède pour construire sa vie à deux...

L'essentiel

- L'enfant s'attache aux adultes le plus présents auprès de lui. S'il n'a qu'un parent présent, un autre adulte jouera le rôle de tiers séparateur entre le parent et l'enfant.

- On devient fille ou garçon grâce aux modèles parentaux masculins et féminins; mais aussi grâce au «bain social», qui apporte à l'enfant des repères sexués.

- Séparation douloureuse (à la petite enfance ou à l'adolescence), délicat rapport à l'autorité, culpabilité ou faible estime de soi sont parfois des compagnons de route de l'enfant élevé seul. Mais pas toujours.

- L'enfant qu'on élève seul(e) ne se transforme pas en homosexuel, en délinquant ou en adulte incapable de vivre à deux...

Chapitre 6
La place de l'absent

Qu'il soit absent à 100 % ou qu'il soit là par intermittence, le parent avec lequel l'enfant ne vit pas tient une place importante dans sa vie. Comment répondre à ses questions? Comment expliquer qu'il porte parfois le nom de l'absent? Faut-il dévoiler le secret de ses origines? Et comment laisser exister ce second parent?

Quand il n'y a plus qu'un seul parent

⇨ En quête de l'absent

Les questions affluent plus vite qu'on ne le pensait. «Et pourquoi moi, j'ai pas de papa?», «Elle est partie où, ma maman?» Pour se construire, l'enfant a besoin de rechercher ses origines. Il le fait à sa manière, à l'aide de questions basiques ou maladroites. C'est une quête normale et inévitable. À la crèche ou à l'école, il est très vite confronté à sa différence: il n'a pas deux parents qui viennent le déposer ou le chercher. Et il n'est pas le seul à l'avoir remarqué puisque les petits copains lui posent la question. L'interrogatoire risque d'être serré...

⇨ Il « brode » autour de l'absent

L'enfant est toujours tenté de fantasmer sur ce père trop tôt disparu (ou que l'on a exclu); sur cette mère qu'on voit de loin en loin. C'est normal, et c'est nécessaire. Pas besoin d'en prendre ombrage: le parent présent n'est pas en compétition avec l'absent... C'est la manière que l'enfant a trouvée pour faire exister ce dernier. Certains s'inventent un père agent secret ou pompier, une mère aventurière. Au fond, leurs copains de crèche ou d'école n'en demandaient pas tant. Mais ce personnage permet à l'enfant de s'accrocher à quelqu'un... Inventé de toutes pièces, certes, mais au moins, il prend chair!

⇨ Donner chair à l'absent

Si l'autre parent fait défaut, le parent présent peut le faire exister, afin de fabriquer du « tiers séparateur », comme s'il existait un père ou une mère symboliques. Pour cela, il peut faire référence à son existence en disant: « Je ne crois pas que ton père (ta mère) aimerait que tu fasses cela », ou: « Je suis sûre qu'il (elle) serait très fier(e) de toi aujourd'hui. » C'est d'autant plus une

nécessité pour les enfants qui ont perdu l'un de leurs parents, et qui ont besoin que cet absent continue à exister symboliquement dans la famille. Il n'est pas utile d'en rajouter, mais simplement de signifier que l'absent a été présent… avant.
On peut aussi faire exister la lignée du parent disparu ou qui a perdu le contact avec sa famille : l'idéal est bien sûr qu'il subsiste des liens avec la belle-famille. Ainsi, l'enfant pourra voir ses cousins, créer des relations privilégiées avec ses oncles et tantes ou ses grands-parents. Une manière indirecte, mais essentielle, de faire exister la double lignée.

➾ Une ressemblance frappante

La génétique étant facétieuse (à moins que ce ne soit la loyauté inconsciente !), l'enfant et le second parent se ressemblent parfois comme deux gouttes d'eau : même façon de se recoiffer, même sourire, même regard. C'en est troublant. Cette ressemblance rappelle, si vous l'aviez oublié, qu'il est toujours le fils ou la fille de l'autre. Comment s'étonner que cette ressemblance provoque des sentiments ambivalents ? Difficile de s'en cacher, mais c'est vrai, on aurait préféré que son fils ou sa fille ne soit pas le portrait craché de son père ; qu'il ou elle n'ait pas le même caractère volcanique de sa mère…

Même si ces ressemblances ravivent des douleurs, il faudra tout faire pour laisser exister cette part-là de l'enfant. Il n'est pas responsable de son capital héréditaire ! S'il sent que ces ressemblances peinent, il finira par détester cette part de lui-même...

⇾ Le roman familial, une nécessité

Difficile de grandir sur une seule lignée : quand ça tangue, on est moins stable que lorsqu'on vit sur deux pattes.
Les enfants ont besoin de savoir qu'ils sont venus au monde par amour. Que les relations se soient gâtées entre les adultes par la suite, c'est une chose, mais il faudra répéter à l'enfant qu'il est là parce que ses parents se sont aimés à un moment de leur vie. À chaque famille de trouver les mots les plus justes, et de raccrocher l'enfant à cette réalité. Quelquefois, il suffit de décrire physiquement l'absent(e), de parler de ses gestes, de sa démarche, d'un tic, de sa façon de parler ou de s'habiller pour que l'enfant grandisse accolé aux preuves tangibles de l'existence de ce parent qu'il ne connaît pas.

⇾ Petits mensonges inoffensifs ?

Certains pédopsychiatres pensent qu'il est préférable de tricoter une réalité « présentable » à l'enfant, et lui éviter d'entendre qu'il est le fruit d'un viol, qu'il est arrivé par surprise, qu'on était bien embêté une fois qu'on s'est retrouvé à trois. Françoise Dolto rappelait que tout enfant a droit à sa vérité, quelle qu'elle soit. Ne vaut-il pas mieux que l'enfant se confronte à cette réalité (même violente), pour mieux se construire ensuite? Cela pourrait lui permettre de se structurer avec ce parent absent, sans le détester mais en ayant appris à «faire avec» cette image parentale, quitte à compenser ce manque avec d'autres figures parentales positives.

⇨ Quand il existe un secret de famille...

Quelle attitude adopter: faut-il se taire? Ou faut-il reconstituer l'histoire véritable afin de mieux comprendre le fonctionnement des parents?

L'idée de tourner la page semble à première vue une position de bon sens. Et pourtant, cette attitude se heurte à une force mystérieuse: le besoin de savoir. Pourquoi toutes les femmes de cette famille divorcent-elles sur le tard? Pourquoi n'y a-t-il que des enfants uniques? Pourquoi les hommes s'enfuient-ils à la première naissance? Tout se passe comme s'il existait une transmission inconsciente de ces secrets de famille, qui se répètent d'une génération à l'autre.

Cette quête du passé prend évidemment un visage particulier quand ce passé est inaccessible. On est taraudé par ce qu'on ignore, par ce secret qui doit être doublement tu. D'abord, on doit le cacher pour ne pas salir la mémoire de ses parents ou grands-parents. Ensuite, le secret est tu parce qu'il est compliqué de parler de quelque chose qu'on n'a pas vécu soi-même et dont la mémoire n'a pas été transmise par des mots mais par des émotions.
Quand les vannes sont enfin ouvertes, la parole libérée peut soulager la famille ou la faire exploser si elle était soudée autour de ce silence. Parfois, le secret n'est pas percé. Mais en se confrontant à une autre histoire (celle de l'autre parent), en devenant soi-même parent ou en regardant vivre d'autres proches devenus parents, on comprend comment ces histoires de famille agissaient sur nous. D'accord, on ne peut pas changer l'histoire familiale. Mais à l'aide d'un thérapeute, on peut modifier la façon dont elle agit sur soi-même pour devenir acteur de sa vie, et non plus simple spectateur.

⇨ Le nom de l'enfant

• **«J'ai un père, mais pas de papa…»** Que voit-on parfois, sur la boîte aux lettres des parents seuls? Deux noms. Celui de la mère (celle qui vit le plus souvent avec l'enfant) et celui de l'homme qui a reconnu les enfants mais qui n'a plus jamais donné signe de vie. Quelle situation paradoxale : le nom porté par l'enfant rappelle le lien de filiation (juridique) qui le lie à son père de naissance, même s'il n'existe aucun autre lien avec cet homme. Dans ce cas, l'enfant pourrait très bien dire : « J'ai un père dont je porte le nom, mais je n'ai pas de papa. » Même si cela est douloureux, il faut en profiter pour expliquer à l'enfant qu'il porte le nom d'un inconnu, alors que c'est sa mère qui l'élève seule. On peut être rattaché par un lien juridique avec quelqu'un et avoir des liens d'amour forts avec une personne dont on ne porte pas le nom.

Il est important de préserver symboliquement la place du père, même s'il n'est plus présent dans la vie de l'enfant. Si l'enfant portait le même nom que sa mère, ce serait une façon de gommer la trace de ce père. Donc d'effacer l'une des deux lignées de l'enfant. Cela reviendrait aussi à « rajouter » un enfant à la fratrie dont la mère est issue. Un don plutôt lourd à gérer : la mère « offre » un enfant à son propre clan. L'enfant se trouve mis au même rang que sa mère. Laquelle perd son statut d'adulte, pour redevenir enfant de ses parents... De quoi y perdre son latin !

• **Changer le nom de l'enfant?** Quand on est seule depuis des années à élever son enfant, et que ce dernier porte le nom de l'homme qui l'avait reconnu à sa naissance, ce rappel permanent de l'absent peut être vécu comme violent. Certaines mères, assumant 100 % du quotidien, vivent cela comme un désaveu de leur engagement. Ce nom de l'enfant différent du leur, elles l'interprètent comme un «titre de propriété» du père absent sur l'enfant. Cette situation est tellement douloureuse que ces femmes seraient prêtes à entamer des actions judiciaires pour faire changer le nom de leur enfant. Mais s'insurger ainsi, ce serait confondre ce qui fait la nature de la relation (le lien juridique) et le contenu de cette relation (inexistant, quand le père a disparu dans la nature).
De plus, l'accusation de déchéance paternelle, seule, ne suffira pas à donner raison à la mère. À moins d'une histoire criminelle grave (pédophilie, meurtre), la procédure lancée risque donc de rester lettre morte. D'ailleurs, serait-il vraiment positif de gommer l'existence du parent absent? Il reste la possibilité d'accoler son propre nom à celui de l'enfant. Cette juxtaposition a au moins le mérite de rappeler que l'enfant a deux lignées. Depuis plusieurs années, Il est question d'apporter un cadre juridique clair à cette question. À suivre...

• **Qui reconnaît l'enfant?** Dans d'autres cas, à l'inverse, le père biologique ne souhaite pas reconnaître le bébé qui vient de naître : on sait en effet que 15 % des enfants n'ont pas été reconnus par leur père lors de leur premier anniversaire. Comment l'obliger à reconnaître cet enfant et à lui donner son nom ? Pour cela, la filiation doit être établie. Or s'engager dans une action judiciaire est une démarche risquée, aux effets souvent inverses à celui espéré. Un homme traîné par son ex-compagne devant le tribunal rentre dans la paternité en freinant des quatre fers. De plus, on imagine que les relations entre les ex-conjoints seront tendues. Ce qui n'augure rien de bon pour les enfants! L'idéal serait de laisser à son ex-compagnon le temps de devenir père. Certains hommes n'arrivent pas immédiatement à prendre leur place. Il leur faudra quelques mois, peut-être plus, pour assumer leur paternité.

Quand on est un parent pas tout à fait solo

Quand l'autre parent n'est pas présent au quotidien mais qu'il semble encore possible d'engager une relation entre lui et ses enfants, il faut parfois se faire violence pour laisser exister cette relation. Mieux vaut quelques miettes plutôt que le vide total...

⇾ Conjoint en CDD, parent pour la vie

Toute la difficulté pour les parents élevant quasi seuls des enfants sera d'arriver à séparer ce qui relève du conjugal et du parental. Pour une femme, par exemple, il faudra laisser exister le père, même si l'envie tenaille de claquer la porte au nez de son ex-compagnon ! De même que le rôle de l'adulte élevant seul ses enfants ne se limite pas à son seul statut de parent solo, il serait injuste de reléguer l'autre parent aux oubliettes. C'est désormais en tant que père (ou mère) de ses enfants qu'il faudra s'adresser à lui (ou à elle). Il (elle) a des responsabilités matérielles et éducatives, qu'il faut lui rappeler.

⇾ Des parents à double casquette

Accepter qu'il existe ainsi une double casquette pour l'autre parent, par exemple ex-compagne et mère de ses enfants, aura des répercussions sur sa propre vie. Et soi-même, à quel moment se donne-t-on le droit d'exister en tant qu'adulte, et non plus seulement en tant que parent... et parent solo, à fortiori ? Laisser sa place à l'autre parent permet de reprendre de la distance avec ses enfants. Et de retrouver le chemin de sa vie personnelle, professionnelle, sociale, qui nourrissait autrefois.

Concrètement, cela signifie qu'on accepte de ne pas être tout pour son enfant, qu'on lui reconnaît le droit d'être heureux même quand on n'est pas là. Ça tombe bien, c'est ainsi qu'on l'aide à grandir… et cela évitera bien des clashs dans quelques années, quand l'ado rappellera à son parent sans tendresse qu'il n'est plus le centre de son existence !

⇒ Reconnaître son enfant, un geste pas anodin

Aujourd'hui, l'enfant né d'une union libre (43 % des naissances en 2001, Insee) porte le nom de son père si ce dernier le reconnaît. Il serait souhaitable que cette reconnaissance ne se limite pas à une simple signature sur un papier officiel. Depuis 2002, le livret de paternité et le congé de paternité rallongé de 11 jours participent à l'« officialisation » du rôle du père et des devoirs qu'il suppose.
Mais c'est encore insuffisant, aux yeux de certains. Symboliquement, il faudrait que cette reconnaissance s'accompagne d'un cérémonial qui marque cette étape. Et rappelle à tous, pères et mères, qu'on est parent pour toute sa vie.

⇒ Ne pas exclure « l'autre »

Aujourd'hui, il n'est pas rare d'entendre ici ou là que les mères excluent les pères. Est-ce une réalité ? La raison est mathématique : plus de 85 % des femmes ont la

garde des enfants après une rupture. Dans le nombre, on peut penser que certaines ne font rien pour faciliter le maintien du lien. Si les pères étaient numériquement plus nombreux à s'occuper de leurs enfants, agiraient-ils de manière plus exemplaire que les femmes qui cherchent à disqualifier leur ex-compagnon ? Nul ne le sait, les hommes vivant au quotidien avec leur enfant étant encore une minorité.
Au final, personne ne sort gagnant de cette exclusion : ni le parent qui élève seul l'enfant. Ni l'autre parent, pris dans un cercle vicieux : il voit peu ses enfants, et quand il les voit, il sent l'hostilité du parent présent au quotidien. La relation n'étant pas très satisfaisante, il cherchera sans trop de zèle à revoir ses enfants. Lesquels se montreront de plus en plus lointains... Jusqu'au jour où le contact se rompt. Les grands perdants ? Ce sont les enfants. Ils ne peuvent pas grandir en s'adossant à cette image d'un parent diabolisé et peu à peu exclu de leur éducation.

⇨ Mieux vaut peu que rien

L'important n'est pas que l'enfant ait une bonne relation avec le parent absent. Mais qu'il arrive à avoir une relation qui l'aide à se structurer et éventuellement à se protéger de ce parent pas forcément aussi attentif qu'on le voudrait.

Par exemple, quand on coupe un enfant de son père jugé toxique par décision d'un juge, la réaction immédiate de l'enfant sera d'idéaliser cet absent... Et de déchanter, le jour où il se retrouvera face à un adulte qui n'est peut-être pas à la hauteur de ses espérances. Le retour de bâton n'en sera que plus violent. En facilitant le maintien d'un lien, même imparfait et ténu, on évite que l'enfant sacralise ou déteste ce père dont il a besoin pour grandir. Il pourra alors, comme un bon nombre d'enfants, grandir entouré de deux adultes bourrés de défauts, mais munis aussi de quelques qualités. Si l'on prend le temps de regarder...

⇨ Quand le second parent s'éloigne...

«Maintenir le lien, moi je veux bien. Encore faudrait-il que mon ex soit d'accord!», signalent quelques parents désabusés. S'il existe des pères redoublant d'efforts pour maintenir le lien, il en existe d'autres qui ne cherchent pas ou plus à nourrir le lien avec leurs enfants. Les études (Ined 1994) montrent en effet qu'à la suite d'une séparation, 40% des enfants ne voient plus leur père. Comment expliquer cette désertion? Si certains parents disparaissent après une séparation, et de surcroît après s'être engagé dans une nouvelle histoire de couple, ou après avoir eu de nouveaux

enfants, ce n'est pas forcément par désintérêt pour les enfants de la lignée précédente.
Bien souvent, ils avaient peu de place dans leur première famille et le conflit autour de la rupture est resté envenimé au point que parfois ils préfèrent renoncer que de continuer une guerre sans fin. Une aide extérieure peut être nécessaire…

⇒ Le médiateur familial, pour conserver le lien

Une séparation n'est jamais anodine. Comment trouver la sérénité nécessaire pour définir les rôles parentaux et la complémentarité indispensable dans le futur fonctionnement familial? Faire appel à un tiers extérieur pour aider à gérer l'ingérable (la blessure, la rancœur) s'avère souvent utile. Ce tiers, la loi de 2002 l'a défini; celle de 2004 relative au divorce l'a confirmé: c'est le médiateur familial. Un professionnel qualifié qui va aider les deux parents à dépasser leurs conflits, à rétablir progressivement une communication malmenée pour qu'ils puissent redéfinir leur place et définissent les modes éducatifs pour leurs enfants.

⇒ C'est la guerre entre les parents

Parfois, on se sent trop insécurisé dans sa relation avec l'enfant pour laisser «l'autre» exister. Parfois aussi, on se sent trop fragile pour vivre sans son enfant, ne serait-ce qu'un week-end. Avec le soutien d'une aide extérieure, on peut réfléchir sur l'état de la relation de chaque adulte avec l'enfant : comment est né ce désir d'enfant ? Comment les liens avec l'enfant se sont-ils tissés ? Comment est survenue la séparation ? etc.

Sans cette mise à plat, l'enfant perçoit le débat intérieur du parent qui l'élève. Otage de la guerre entre ses deux parents, il se trouve en plein conflit de loyauté. Spontanément, il se range du côté du parent qu'il sent le plus faible, et s'interdit d'être heureux avec l'autre parent. « Si je suis heureux de voir mon père (ma mère), je fais du mal à ma mère (mon père) », pense-t-il. Une fois qu'il sentira que les visites épisodiques de l'autre parent, le plus souvent le père, ne bouleversent plus sa mère, alors, il pourra profiter de lui. Cela aidera chaque adulte à trouver ou à retrouver une distance suffisamment bonne, comme l'écrivait le célèbre pédo-psychiatre Donald Winnicott.

L'essentiel

La quête des origines est vitale pour un enfant. Ne vous étonnez pas des questions qu'il pose : elles sont inévitables.

Un seul parent à la maison

Pour se construire, l'enfant a besoin de sa double lignée, paternelle et maternelle. Autant que possible, laissez-le créer des liens avec la famille de l'autre parent.

Il est important de maintenir le lien entre l'enfant et l'autre parent. Un parent imparfait mais en chair et en os est toujours préférable à un absent idéalisé.

En cas de guerre entre les parents, l'aide d'un médiateur familial sera utile pour redéfinir les rôles parentaux et apaiser le conflit.

Chapitre 7
Sa vie d'adulte

Pour un parent seul, la tâche la plus compliquée est de trouver du temps pour soi. Se préserver des tranches de vie est pourtant essentiel pour ne pas être seulement un parent, mais exister en tant qu'adulte. Voire en tant qu'adulte amoureux, un jour prochain…

Prendre du temps pour soi

⇨ Les récrés, une nécessité ?

La vie de parent solo ressemble plus au parcours du combattant qu'à une promenade de santé. Il faut en effet de l'énergie pour assumer tous les « métiers » que requiert la fonction : taxi, distributeur de câlins, infirmier, surveillant de devoirs, gendarme, veilleur de nuit, shampouineur, cuistot… et salarié(e) !

Dans cette vie à 200 kilomètres à l'heure, s'accorder une récréation n'est pas une option mais une quasiobligation. Sans quoi la machine finira par manquer de carburant. Vous répétez en soupirant : « Ma vie à moi, ça fait longtemps que je l'ai oubliée ! » Alors, il est temps de passer à l'action. Dans cette entreprise de reconstruction de soi, le premier objectif est d'être modeste. Vous rêvez d'un week-end sans enfants, où vous pourrez prendre un bain, lire deux heures sans interruption ? Oubliez. Ou plutôt, découpez votre rêve en rondelles. D'abord, deux heures de liberté pour se balader en ville. Dans deux semaines, une amie organise une balade à vélo pour vos enfants : trois heures de tranquillité assurées. C'est en additionnant ces minitranches de liberté que vous reprendrez possession de votre vie. Et que vous retrouverez le plaisir d'être avec vos enfants !

⇾ Programmer sa liberté

À priori, ces deux termes paraissent contradictoires ? Et pourtant, il faudra anticiper, organiser, planifier. Vous êtes plus cigale que fourmi ? Vous avez un mal fou à prévoir ? Forcez votre nature. Le plaisir pris à ces escapades vaut bien les efforts consentis par votre sens de la désorganisation... Il peut être aussi profitable de s'inscrire aux activités planifiées, par exemple celles de la MJC. Elles sont bon marché et vous savez à l'avance que chaque jeudi soir, vous n'êtes pas là. Sœur, voisins, amis, baby-sitter (à l'occasion), faites varier les personnes mises à contribution. Pour réduire les frais de baby-sitting, pensez aux «échanges d'enfants». Votre voisine garde vos enfants un soir, le lendemain, vous gardez les siens.

⇒ Le plaisir d'être sans ses enfants

Ne culpabilisez pas de laisser vos enfants: leurs larmes (de crocodile) ne durent pas éternellement... Vous découvrirez aussi qu'ils sont sensibles au plaisir que vous prenez à réinvestir votre vie. Ils se montrent curieux de ce que vous avez fait. Ils apprécient ce «décentrement»: votre vie ne tourne plus uniquement autour d'eux, et c'est tant mieux. En n'étant plus le seul centre d'intérêt de leurs parents, ils soufflent, eux aussi! À leur tour, ils s'autorisent à prendre du plaisir sans leur parent, sans avoir le sentiment de l'abandonner. Comme par enchantement, c'est alors que les séparations ne posent plus de problème à la crèche ou que les journées d'école démarrent sans opposition.

⇒ Le terrorisme du bonheur

Halte au discours ambiant qui fait de l'épanouissement personnel un devoir quasi obligatoire! On a aussi le droit de trouver sa vie dure. De même qu'on a le droit d'être heureux tout seul, sans avoir envie de reconstruire sous huitaine une histoire d'amour.

Ce terrorisme du mieux-être vous rattrapera plus d'une fois : combien de collègues vos proches sortiront-ils de leurs manches au cours d'un apéro improvisé, pour tenter d'assembler deux cœurs solitaires ? Combien de fois devrez-vous répondre aux questions insistantes de votre entourage pour savoir qui vous voyez ?
Tout le monde est bien attentionné, certes. Mais cette sollicitude à combler votre « désert » affectif finit par agacer. Quel que soit le temps qu'il y mettra, c'est à chacun de trouver (ou non) l'envie de revivre à deux. D'ailleurs, les statistiques de constitution des familles monoparentales soulignent ces disparités. La moitié de ces familles s'est constituée depuis plus de cinq ans. Mais aux deux extrêmes, on trouve un quart ayant moins de deux ans « d'ancienneté », et un autre quart, monoparental depuis plus de dix ans… (Étude « Histoire familiale », Insee-Ined 1999).

Reconstruire le duo… quand il n'y a pas d'autre parent présent

⇒ Un « puzzle » familial de plus en plus fréquent

Aujourd'hui, une famille avec enfant sur dix est recomposée. Ce n'est donc plus une situation marginale !

63 % des enfants de ces familles vivent avec la mère et son nouveau compagnon; 37 % avec le père et sa nouvelle compagne. La proportion d'enfants avec un parent et un beau-parent est faible avant 4 ans. Mais plus l'enfant grandit, plus elle progresse, pour atteindre son maximum quand l'enfant a 13 ans.
Au total, 1,6 million d'enfants vivent en famille recomposée. Ajoutés aux 2,7 millions d'enfants vivant avec un seul parent, ce sont donc 4,3 millions d'enfants qui ne vivent pas dans ce que les démographes appellent une famille «traditionnelle». Soit près d'un enfant sur trois.

⇾ Démarrage en douceur

Avant de se lancer dans une nouvelle union, il n'est pas utile de présenter tous ses coups de cœur à son enfant. Lequel n'a pas besoin de devenir «grand jury de l'amour», triant les conquêtes d'un soir et les relations plus durables. Par ailleurs, plus il verra de nouvelles têtes défiler chez lui, moins il aura tendance à s'investir dans la relation le jour où vous lui présenterez son beau-parent. Mais ce coup-ci, ça y est, vous voilà sûr(e). C'est l'homme ou la femme de votre deuxième vie! L'idéal serait de maintenir, au moins un certain temps, les deux domiciles. Cela présente un double avantage: les petits comme les grands apprennent à cohabiter à petites doses avant de passer au temps complet. Et cela laisse au parent du temps disponible à 100 % avec son enfant, qui ne pourra donc pas dire qu'« on » lui pique son parent !

⇒ Une bouffée de « comme tout le monde »

Ce nouvel amour dans la vie de son parent, l'enfant le trouve envahissant ou énervant. C'est du moins ce qu'il déclare haut et fort. Mais il est plus ambivalent qu'il n'en a l'air. Bien sûr, ce nouvel adulte lui vole sa place de confident attitré. Mais l'enfant est aussi amateur de normalité. Laquelle normalité fait vivre les adultes deux par deux. Le beau-parent est alors perçu comme un « mal nécessaire » : il faut bien que les parents vivent leur vie ! Et finalement, il est plus reposant de savoir que son parent ne reste pas seul, la larme à l'œil, quand on dort chez son meilleur copain. Ce beau-parent présente donc au moins un avantage : l'enfant ne se sent plus coupable d'être heureux ailleurs qu'à la maison. D'ici peu, il se réjouira peut-être d'avoir un adulte de plus pour s'occuper de lui. Un adulte pouvant aussi adopter avec bonheur cet enfant qu'il n'a pas fabriqué.

➾ Zone de turbulences, droit devant

Mais renoncer aux avantages acquis ne se fait pas toujours avec le sourire ! Un enfant qui vivait depuis des années avec son parent avait un statut d'adulte miniature qu'il va devoir abandonner.

Il faut s'attendre à quelques grincements de dents. Il est probable que votre famille recomposée tangue un peu avant de trouver le bon cap. Vous traverserez peut-être une période de conflits : mauvaise humeur, insolence, agressivité ou mutisme, tous les moyens sont bons pour plomber l'ambiance. Le tout s'accompagne, selon l'âge de l'enfant, de troubles du sommeil ou de l'alimentation, histoire d'agrémenter vos repas... et vos nuits. Viendra peut-être une période plus apaisée, mais guère plus reposante. Ce coup-ci, virage à 180 degrés : l'enfant se lance dans une campagne de séduction. L'érotisation de la relation n'est pas à exclure. Pour peu que le beau-père ou la belle-mère fasse des tentatives de copinage, les cartes sont définitivement brouillées : l'enfant se trouve maintenu dans un statut impossible d'adulte qu'il voudrait être, mais qu'il n'est toujours pas !

➾ Un nouvel adulte à respecter

« T'as rien à me dire, t'es pas ma mère (mon père) ! », lance votre enfant à la première réflexion du nouvel

adulte à la maison. Vous voilà décomposé d'angoisse devant l'hostilité à peine déguisée de votre enfant. Il a le droit de ne pas tomber sous le charme immédiatement. Il a le droit de ne pas aimer le nouvel amour de son parent. En revanche, il doit le respecter, comme il respecte d'autres adultes qui l'entourent, ses instituteurs, ses profs de sport, vos amis.
Faites comme si la relation vous convenait. S'il sent son parent aux aguets, l'enfant en rajoutera dans la provocation ou l'indifférence. Si la pression se relâche, il daignera peut-être trouver quelques qualités au nouveau venu. Il joue de la musique, elle fait du cerf-volant, il cuisine divinement, elle fait du roller, il parle anglais, elle connaît la Chine : distillez quelques informations. Patientez. Et voyez si ça mord…

⇾ Autorité ou laxisme ?

Pas facile tous les jours de trouver sa place auprès des beaux-enfants ! D'abord, il faut accepter de tricoter la relation quelque temps, avant de passer à d'autres registres : il serait absurde de vouloir être copain ou autoritaire alors qu'il n'y a pas de lien entre le beau-parent et l'enfant.
Ensuite, comment doser ? L'autorité, par exemple. Intervenir, c'est courir le risque de s'entendre dire : « Toi,

t'as rien à me dire!» Mais être laxiste n'est pas plus confortable: trop copiner n'est pas un bon calcul pour nouer des relations saines. Le plus simple est de préférer les seconds rôles, au moins les premiers temps. Cela permet au beau-parent de prendre la «température» de cette famille-là et de comprendre le mode d'emploi de ces enfants-là... Ainsi, le beau-parent identifiera les sujets déclencheurs de psychodrames. Chaque famille a ses terrains minés (politesse, notes à l'école, sorties, argent de poche, etc.). Autant le savoir avant de gaffer! Quand les enfants constatent que ce beau-parent ne cherche pas à être coresponsable de leur éducation et qu'il sait même être conciliateur en cas de désaccord avec leur parent, alors ils finissent par l'accepter.

⇒ Ouf, on manquait d'air!

Pour les adolescents, la remise en couple du parent est une vraie aubaine. D'abord, l'adolescent peut prendre un peu de la distance avec son parent sans se demander si ce dernier s'ennuie, ni s'obliger à rentrer de ses soirées ventre à terre. Que l'on soit fille ou garçon, ces tête-à-tête finissaient par peser. Le garçon revêtait un habit «d'homme de la maison» qu'il n'avait pas toujours envie d'endosser. Et la fille aurait préféré écouter les confidences de ses copines plutôt que celles de sa mère. Ce relatif éloignement permet aussi de tenir à distance la dimension œdipienne, souvent réactivée à l'adolescence.

Et le parent amoureux? Plus épanoui, moins obnubilé par la vie de son enfant, il s'attache désormais aux choses essentielles. Forcément, il gagne en souplesse sur les petits riens du quotidien. Tout le monde sort gagnant des amours des parents!

⇒ La sexualité surexposée

Un parent qui se remet en couple, c'est un adulte très investi dans sa vie sexuelle. Cette plus grande lisibilité de la vie amoureuse et sexuelle de son parent n'est pas toujours facile à vivre pour l'enfant. Surtout quand l'enfant est un peu grand.

Un adolescent à la maison et un parent amoureux, cela fait beaucoup de personnes préoccupées par la sexualité en même temps! Cela rappelle surtout à l'ado que même les parents ont une vie sexuelle. En soi, ce n'est pas un scoop. Mais c'est quelque chose que l'adolescent préfère ignorer à l'âge où il découvre sa sexualité, où il aimerait bien passer aux travaux pratiques… Et où le complexe d'Œdipe (qui ne dormait que d'un œil) se réveille.

➾ La concurrence amoureuse

Cohabiter avec un adulte qu'on découvre à 15 ans confronte l'adolescent à des sentiments qu'il n'avait jamais éprouvés avec son ou ses parents. C'est vrai, le complexe d'Œdipe l'a fait désirer prendre la place du parent du même sexe que lui. Mais d'abord, c'est de l'histoire ancienne (il avait alors entre 3 et 6 ans), et surtout, ces désirs de l'époque étaient restés à l'état de fantasme.

Voilà qu'aujourd'hui, le garçon ou la fille est troublé par ce nouvel adulte qui partage son quotidien. Pas facile pour une jeune fille de croiser un homme qu'on connaît depuis quinze jours, en chemise de nuit, le matin. Ou pour un jeune homme de se laver les dents dans la même salle de bains que cette femme qu'on connaît à peine. Parler de concurrence amoureuse entre l'adolescent et son parent de même sexe serait abusif. Mais il est possible que la relation entre l'adolescent et le beau-parent se teinte d'un zeste de séduction. Dans une famille « traditionnelle », on crierait à l'inceste. Les familles recomposées reposent la question du respect de la différence des générations : l'inceste est un interdit dans toutes les familles. Y compris pour les familles recomposées.

Reconstruire le duo… quand il y a un autre parent présent

➾ La loyauté de l'enfant envers l'absent

Au début, la mayonnaise a du mal à prendre entre le nouveau venu et l'enfant. Comme s'il existait une loyauté inconsciente qui liait l'enfant à celui qui est moins présent dans sa vie (voire absent dans la réalité, mais présent dans la tête de l'enfant). Personne ne peut prendre la place de l'absent, père ou mère de l'enfant. C'est à tous les adultes présents autour de l'enfant d'être vigilants sur cette question. Le parent quotidien et le nouveau partenaire amoureux doivent respecter l'image de l'autre parent. Autant éviter de mettre de l'huile sur le feu en disant : « Je te signale que c'est ton beau-père qui paie ta scolarité, alors que ton père a trois mois de pension alimentaire de retard ! » L'enfant sera d'autant mieux disposé avec son beau-parent qu'il ne sent pas un désir de disqualifier le parent de même sexe.

Et l'autre parent ? Lui aussi revit peut-être en couple. Lui aussi devra être fair-play. Et tenir des propos apaisés en parlant du nouveau compagnon (ou de la nouvelle compagne) de son ex. C'est plus facile à écrire qu'à vivre… Mais c'est la seule façon d'aider l'enfant à accepter le ou les nouveaux adultes qui débarquent dans sa vie.

⇒ L'heure de la jalousie

Partager son parent n'est pas d'emblée réjouissant pour les enfants. Quand on a eu durant des années son parent pour soi tout seul, le découvrir tout miel au bras de son nouvel amour est parfois vécu comme une haute trahison. C'est l'heure des crises de jalousie, chez les petits plus que chez les grands (les ados ont compris l'intérêt d'avoir un parent amoureux !).

Il arrive aussi, plus fréquemment qu'on ne le pense, que le beau-parent soit jaloux de la complicité unissant le parent à ses enfants. Cette « compétition amoureuse » est assez dangereuse. Elle finirait par empoisonner l'ensemble des relations familiales.

C'est au beau-parent de se libérer de ce sentiment. S'il se sent jaloux de ses beaux-enfants, c'est un peu comme s'il se retrouvait sur le terrain des enfants. Il n'a rien à y faire, et rien à y gagner. Si ce sentiment persiste, il sera utile aussi de vérifier que le parent n'alimente pas involontairement cette rivalité amoureuse (en le délaissant un peu trop au profit de ses enfants). Du côté des enfants, il faudra comprendre ce que cache cette agressivité envers le beau-parent :

se sentent-ils déloyaux envers leur autre parent ? Ont-ils fait le deuil du couple parental ?

⇒ Que cachent les disputes autour de l'enfant ?

Fréquemment, les couples séparés cherchent à connaître le quotidien de l'enfant quand il vit chez l'autre parent. Comment se comporte le beau-parent ? À quelle heure se couche-t-on ? Surveille-t-on les devoirs ? etc. Les disputes ne tardent pas à s'inviter si l'autre parent ou le beau-parent sont jugés trop laxistes sur les devoirs, trop sévères sur l'heure de coucher ou trop généreux sur les petits cadeaux.

Dans ces différences de pratiques entre les deux foyers, tout se passe comme si une famille devait avoir raison, et l'autre tort. Comme s'il y avait une bonne et une mauvaise manière d'éduquer l'enfant. On peut se demander si cette rivalité autour du parental n'en cache pas une autre, moins facile à dire : la rivalité sexuelle. Que l'un des parents se soit ou non remis en couple, il a parfois du mal à accepter que son ex lui ait trouvé un(e) remplaçant(e). Et il multiplie les petites phrases assassines sur le nouveau venu. Cette rivalité entre adultes ne doit pas venir interférer dans les relations que l'enfant noue avec tous les adultes (parents et beaux-parents) qui s'occupent de lui.

⇒ Quand la mayonnaise ne prend vraiment pas

Au bout de quelques mois, cela crève les yeux : le courant ne passe pas entre le beau-parent et ses enfants. Si la question de la loyauté des enfants envers l'autre parent est réglée, il reste à analyser l'attitude du beau-parent envers les enfants. Parfois, il prête à l'un des enfants des défauts de l'autre parent. Par exemple, une belle-mère peut s'énerver contre la fille de son nouveau conjoint, qu'elle trouve méprisante comme sa mère. Si les enfants sentent animosité ou injustice, ils ne tarderont pas à réagir... Parfois aussi, le beau-parent a du mal à accepter ces enfants, symboles de l'histoire d'amour précédente. C'est le cas s'il sent que sa compagne ou son compagnon n'en a pas tout à fait terminé avec cette histoire.

Il est sûr que rester un couple parental oblige les ex-conjoints à se voir et à se parler. Si le beau-parent en prend ombrage, il faudra peut-être remanier la liaison entre le conjugal et le parental. Le travail de séparation d'avec son premier conjoint est-il vraiment terminé ? Qu'est-ce qui a fait choisir ce premier conjoint ? Et le second ? En quoi la première union était-elle devenue insatisfaisante ? Un bilan s'impose...

L'essentiel

Les tranches de liberté que s'accorde le parent vont le nourrir et contribuent à alléger le quotidien avec les enfants.

En cas de nouvelle union, il est fréquent que l'enfant accueille le beau-parent avec la grimace. Mais au fond, il n'est pas mécontent de voir son parent remis en couple.

En cas de désaccord entre le beau-parent et les enfants, il faudra vérifier que l'état des relations des ex-conjoints soit pacifié et que le travail de séparation soit terminé pour les enfants et le parent remis en couple.

Conclusion

Bien que leur vie au quotidien soit parfois semée d'embûches, fatigante ou déroutante, les parents uniques bousculent la vision traditionnelle de la famille. Ils posent la question de ce qui fait un père ou une mère aujourd'hui. Par ailleurs, qu'ils le choisissent ou le subissent, ils réinventent les rôles parentaux au XXIe siècle. Rajouter un adjectif pour définir ces adultes, en les désignant comme famille «monoparentale» (ou «recomposée», etc.) revient à les stigmatiser et peut avoir comme effet d'amoindrir leur responsabilité parentale. Alors qu'au fond, cette mosaïque de familles montre que désormais, ce n'est plus le couple qui fait famille, mais bien l'enfant... Un enfant entouré de ses deux parents biologiques – si c'est possible – ou par d'autres figures parentales positives, qui vont l'accompagner sa vie durant.

Bibliographie

BENOIT J.-A., *Plus ça change, plus c'est pareil! Libérez-vous des répétitions familiales négatives*, Québécor, 2004.

DE GAULEJAC V., *L'Histoire en héritage*, Desclée de Brouwer, 1999.

FAVRE D. et SAVET A., (sous la direction), *Parents au singulier: monoparentalités, échec ou défi?*, Autrement, 1993.

LEROY P., *Guide du parent solo. Des réponses concrètes et réconfortantes pour se sentir moins seul*, Filipacchi-Desclée de Brouwer, 2002.

NEYRAND G. et ROSSI P., *Monoparentalité précaire et femme sujet*, Érès, 2004.

QUILLIEN C., *Guide de survie du père célibataire: toutes les réponses aux préoccupations concrètes et quotidiennes d'un père célibataire*, Marabout, coll. «Poche pratique-enfants», 2004.

SAYN I. et POUSSIN G., *Un seul parent dans la famille. Approche psychologique et juridique de la famille monoparentale*, Bayard-Centurion, 1990.

Contacts utiles

Fédération syndicale des familles monoparentales : Tél. : 01 44 89 86 80 – 53, rue Riquet, 75019 Paris.

EPE (École des parents et des éducateurs) : Tél. : 01 44 93 44 88 – 5, impasse Bonsecours, 75011 Paris. À cette adresse, vous obtiendrez les coordonnées des EPE régionales.

Inter Service Parents : 01 44 93 44 93, et **Allô Grands-parents :** 01 44 93 44 90. Ce service est créé par l'EPE.

APMF (Association pour la médiation familiale) : Tél. : 01 43 40 29 32 – 11, rue Beccaria, 75012 Paris. Site Internet : www.mediationfamiliale.asso.fr

FENAMEF (Fédération nationale de la médiation familiale) : Tél. : 02 31 46 87 87 – 11, rue Guyon-de Guercheville, 14204 Hérouville-Saint-Clair. Site Internet : www.fenamef.asso.fr

Divorcés de France : Tél. : 01 45 86 29 61 et 01 45 85 60 00 – BP 380, 75625 Paris Cedex 13.
Site Internet : www.ddf.asso.fr

Fédération des mouvements de la condition paternelle : Tél. : 01 43 41 45 18 – 144, avenue Daumesnil, 75012 Paris.
Site Internet : www.fmcp.org

FAVEC (Fédération des associations de conjoints survivants) : Tél. : 01 42 85 18 30 – 28, place Saint-Georges, 75009 Paris.
Site Internet : www.favec.asso.fr

Association Vivre son deuil : Tél. : 01 42 38 08 08 – 7, rue Taylor, 75010 Paris.
Site Internet : www.vivresondeuil.asso.fr

Autres sites :
www.justice.gouv.fr
www.maman-solo.com
www.caf.fr

Remerciements

Pour leur accueil et la pertinence de leurs propos, nous remercions sincèrement (par ordre alphabétique) :

- Le service de l'Aide sociale à l'enfance du conseil général de la Haute-Garonne ;
- Sylvie Companyo, directrice de l'École des parents et des éducateurs de Haute-Garonne ;
- Christiane Diemunsch, présidente de la Fédération syndicale des familles monoparentales ;
- Les documentalistes de La Documentation française, la CAF de la Haute-Garonne, l'Insee et l'Ined (en particulier Maïté Ély) ;
- Anne Fauré, avocate spécialiste du droit de la famille au bareau de Toulouse ;
- Vincent de Gaulejac, professeur de sociologie clinique à l'université de Paris ;
- Jean Gréchez, thérapeute de couple et directeur d'un point-rencontre à Pau ;
- Dr Anne Lesage, pédopsychiatre dans les Landes ;
- Gérard Poussin, professeur de psychiatrie à Grenoble ;
- Monique Sassier, directrice générale de l'UNAF ;

– Éric Verdier, psychologue et chargé de mission à la Ligue des droits de l'homme ;
– Élisabeth Witasse, responsable de l'action sociale à la CAF de Haute-Garonne.
... Et tous les parents qui ont eu la gentillesse de répondre à nos nombreuses questions !

Table

AUTRES OUVRAGES DE JOCELYNE DAHAN

Le divorce est-il une fatalité ?
Desclée de Brower, 1994

La médiation familiale
Brunet, 1995

Les médiations, la médiation
Erès, 1999

Se séparer sans se déchirer
Pocket, 2000

La vie de famille
(sous la direction de Maryse Vaillant)
La martinière, 1994

Dans la même collection

Emmanuelle Rigon et Marie Auffret-Pericone
Je rassure mon bébé – L'apaiser et l'encourager, de 0 à 2 ans

Gérard Chauveau et Carine Mayo
Il a du mal à apprendre à lire – Comment l'aider ?

Gérard Poussin et Anne Lamy
Réussir la garde alternée – Profiter des atouts, éviter les pièges

Dr Patrice Huerre et Laurence Delpierre
Arrête de me parler sur ce ton ! – Comment réagir ?

Stéphane Bourcet et Isabelle Gravillon
Mon enfant a été agressé – Dans la rue, à l'école, à la maison...

Ginette Lespine et Sophie Guillou
Surmonter le chômage en famille – Comment rebondir ?

Myriam Szejer et Marie Auffret-Pericone
L'entrée à la maternelle – Une grande aventure pour l'enfant

Béatrice Copper-Royer et Guillemette de Laborie
Non, tu n'es pas encore ado ! – Les 8-12 ans sont toujours des enfants

Xavier Pommereau et Laurence Delpierre
En ce moment, mon ado m'inquiète – À tort ou à raison ?

Christine Brunet et Nadia Benlakhel
C'est pas bientôt fini, ce caprice ? – Les calmer sans s'énerver

Conception graphique et réalisation : Louise Daniel.
Impression Bussière en 2004.
Editions Albin Michel, 22, rue Huyghens 75014 Paris
www.albin-michel.fr
ISBN : 2-226-15557-0.
N° d'édition : 22974. – N° d'impression : 044739/1.
Dépôt légal : janvier 2005.
Imprimé en France.